EXPOSITION UNIVERSELLE DE PARIS

LES

EXPOSANTS DE L'EURE

COMPTE RENDU

M. LOUIS LAPIERRE

EVREUX

DE L'IMPRIMERIE D'AUGUSTE HÉRISSEY

1868

EXPOSITION UNIVERSELLE DE 1862

LES EXPOSANTS DE L'EURE

EXPOSITION UNIVERSELLE DE 1862

LES

EXPOSANTS DE L'EURE

COMPTE RENDU

RÉDIGÉ D'APRÈS LES INSTRUCTIONS DE M. LE PRÉFET

PAR

M. LOUIS LAPIERRE

RÉDACTEUR DU COURRIER DE L'EURE

ÉVREUX

DE L'IMPRIMERIE D'AUGUSTE HÉRISSEY

1863

A MONSIEUR JANVIER

PRÉFET DE L'EURE

MONSIEUR LE PRÉFET,

Bien que des circonstances, sur lesquelles j'aurai à revenir, aient notablement amoindri le rôle du département de l'Eure à l'Exposition universelle de Londres, vous avez jugé utile, dans l'intérêt et aussi pour l'honneur de notre industrie, de consacrer par un compte rendu spécial la part qu'elle a prise à ce grand événement.

A défaut du nombre, nos produits se recommandaient par de sérieuses qualités de fabrication; quelques-uns portaient le cachet d'un mérite exceptionnel attesté suffisamment par les douze médailles qu'ils ont obtenues pour trente et un exposants; et c'était là, comme vous l'avez dit dans votre rapport au conseil général, un fait honorable dont il vous était impossible de ne pas tenir compte.

Vous avez voulu, d'un autre côté, faire acte de justice en rendant une sorte d'hommage public à ceux de nos manufacturiers et de nos fabricants qui, au prix de lourds sacrifices et malgré toutes sortes de difficultés, ont tenu à honneur de représenter notre industrie au grand concours international de 1862.

Prenant en considération les études auxquelles je me suis livré à l'occasion de l'Exposition universelle de 1855, vous m'avez fait l'honneur de me charger du soin de rédiger le compte rendu dont vous aviez conçu le plan; et, pour lui donner la signification qu'il comportait dans votre pensée, vous avez pris soin de déterminer vous-même les considérations générales qui devaient présider à son exécution.

Si j'ai bien compris la mission que vous m'avez confiée, je n'avais pas seulement à dresser un inventaire plus ou moins exact et complet de ceux de nos produits qui ont figuré au palais de Kensington. Restreint à cette donnée étroite, le travail que j'avais à faire n'aurait été qu'une sorte de formule d'enregistrement n'ayant d'autre mérite que son caractère d'actualité, et dont l'intérêt n'eût pas dû survivre au fait même qu'il était destiné à consacrer.

Pour lui donner une importance en rapport avec la pensée qui l'a inspiré, pour lui imprimer surtout un caractère d'utilité sérieuse et durable, il m'a semblé qu'il fallait en faire, en même temps que le compte rendu des produits exposés, une étude spéciale des industries que ces objets représentent, des éléments d'activité dont elles disposent, des progrès qu'elles ont réalisés, des perfectionnements apportés dans leur outillage, du nombre de leurs ouvriers, de l'importance de leurs affaires, etc.

Ce plan, indiqué d'ailleurs dans votre rapport au conseil général, offrait plusieurs avantages :

Il fournissait une base plus certaine et plus large pour l'appréciation des divers articles formant notre contingent départemental. Il permettait de rendre plus complétement justice aux producteurs d'élite qui ont tenu haut et ferme à l'Exposition de Londres le drapeau de notre industrie. Il se recommandait enfin à un titre qui lui donne, dans les circonstances actuelles, une valeur toute particulière.

Les réformes économiques dont l'Empereur a pris l'initiative doivent avoir pour résultat immédiat de modifier profondément les bases et les éléments de la production nationale, en abaissant les barrières qui paralysaient son essor sous prétexte de la protéger contre l'invasion des produits étrangers. Les priviléges industriels, créés par le système des droits protecteurs, n'existent plus ou du moins sont considérablement amoindris. L'heure est venue où notre industrie, livrée à elle-même, doit compter avec la concurrence internationale. Et, dans ces conditions toutes nouvelles, il devait être intéressant de connaître, autrement que par des calculs plus ou moins sujets à l'erreur ou entachés de partialité, quelles sont exactement les ressources dont disposent les diverses industries de notre département pour traverser l'épreuve qu'elles sont appelées à subir. A ce point de vue dont l'importance ne pouvait vous échapper, l'étude de ceux de nos produits qui ont figuré à l'Exposition de Londres pourra, telle que vous l'avez comprise, fournir des indications statistiques d'une incontestable utilité.

Cette considération nous conduit à regretter que notre phalange d'exposants n'ait pas été aussi complète que le faisait espérer le nombre des demandes d'admission. Plusieurs causes ont influé sur l'amoindrissement du rôle joué par le département de l'Eure à l'Exposition.

Il faut tenir compte d'abord de l'exiguité de l'emplacement qui nous était réservé, circonstance qui n'a pas permis d'exposer des objets de grande dimension. C'est ainsi que s'explique l'absence de la plupart des produits de notre industrie métallurgique, tels que les fontes ouvrées des usines de Conches, les cuivres laminés ou martelés des magnifiques établissements de Romilly et de Rugles, la grosse quincaillerie de la Gueroulde, les articles de zinc que fabrique Dangu, et d'autres que je pourrais nommer encore.

D'un autre côté, certains fabricants ont cru devoir s'abstenir pour des motifs que je n'ai pas à examiner ici. C'est ce qui est arrivé, entre autres, pour les filateurs de la vallée d'Andelle, dont un seul a exposé, et ceux des vallées de l'Epte, de l'Eure, de l'Avre, etc.

Enfin la Commission impériale, toujours par suite du défaut de place, a dû éliminer un certain nombre de demandes d'admission. Et nous devons à cette circonstance le regret de n'avoir pas vu figurer à l'Exposition de Londres plusieurs industries pour ainsi dire spéciales à notre département, et qui, à ce titre, auraient offert pour nous un intérêt tout particulier. Il me suffira de citer la lutherie de la Couture, la peignerie d'Ézy qui n'a compté qu'un seul exposant, l'épinglerie de Rugles, la ferronnerie de Francheville et la rubannerie de fil de Bernay.

Mais, si regrettables qu'aient été ces abstentions ou volontaires ou forcées, je me hâte d'ajouter que, sous le rapport du nombre des exposants, du mérite des produits exposés et des récompenses obtenues, la part qui revient à notre industrie a été assez importante pour justifier pleinement la distinction dont vous avez voulu l'honorer.

Pour rendre mon travail aussi complet que possible, j'ai cru devoir y ajouter un exposé succinct des actes administratifs qui ont présidé à la formation de notre contingent départemental ; un aperçu général de l'Exposition universelle de 1862, et une esquisse sommaire de l'exposition française, de cette magnifique couronne industrielle à laquelle le département de l'Eure a fourni son modeste mais intéressant fleuron.

L'accomplissement de la tâche que vous avez bien voulu me confier comportait pour moi l'obligation d'aller visiter l'Exposition. Je suis allé à

Londres dans ce but, et j'y ai recueilli les notes dont j'avais besoin pour former les éléments d'appréciation qui serviront de base à mon travail. J'ai dû ensuite les compléter par des renseignements spéciaux pris sur chacune de nos industries représentées au palais de Kensington. Cette partie de ma tâche a nécessité des recherches nombreuses qui ne m'ont pas permis de terminer aussi promptement que je le désirais le compte rendu que j'ai l'honneur de vous soumettre.

J'ai fait tous mes efforts pour rendre ce travail digne de l'importance du fait qu'il est destiné à consacrer. Je croirai avoir atteint ce but s'il obtient votre approbation et celle du conseil général, qui s'est généreusement associé à l'acte d'initiative que vous a inspiré votre sollicitude pour les intérêts du département.

Veuillez agréer, Monsieur le Préfet, l'expression de mes sentiments respectueux et dévoués.

L. LAPIERRE,
Rédacteur du *Courrier de l'Eure.*

EXPOSITION UNIVERSELLE
DE 1862

CHAPITRE PREMIER

ACTES PRÉLIMINAIRES. — LISTE DES EXPOSANTS DE L'EURE

Dès le 12 juillet 1861 , M. le Préfet de l'Eure adressait à MM. les sous-préfets et maires du département la circulaire suivante, par laquelle la Commission impériale faisait appel à tous les représentants de l'industrie française pour les engager à prendre part à l'Exposition universelle de 1862 :

« Une commission, instituée par S. M. la reine de la Grande-Bretagne , ouvre à Londres, le 1er mai 1862, une Exposition universelle de l'agriculture, de l'industrie et des beaux-arts , à laquelle la France est conviée.

« Chargés par l'Empereur d'organiser la section française de cette exposition, nous venons faire appel aux sentiments patriotiques comme aux intérêts de nos agriculteurs, de nos manufacturiers, de nos négociants et de nos artistes.

« Ce concours se présente sous de meilleurs auspices que les précédents : celui de 1851 succédait à une révolution qui avait ébranlé la plupart des États de l'Europe; celui de 1855 se poursuivait au milieu des luttes et des hasards de la guerre.

« Aujourd'hui la paix règne chez presque tous les peuples

du monde ; les communications s'étendent et se multiplient ; les barrières qui fermaient l'extrême Asie s'abaissent devant le drapeau victorieux de la civilisation, et de récents traités, en améliorant les conditions des échanges, donnent partout un nouvel essor à la production et à la consommation.

« L'Exposition universelle est un vaste marché où l'industrie étale aux yeux du monde entier ses plus précieux échantillons, où les consommateurs et les producteurs, venus de tous les points du globe, peuvent établir entre eux de nouveaux rapports.

« C'est une école mutuelle où chacun enseigne ce qu'il sait et apprend ce qu'il ignore : enseignement opportun à une époque où nous transformons les procédés de notre industrie pour la mettre à même de prendre une part plus large à l'approvisionnement des autres nations et d'approprier ses produits aux besoins et aux goûts qu'elle doit satisfaire.

« Aussi les expositions universelles tendent-elles, depuis dix ans, à se substituer, dans les deux métropoles commerciales de l'Occident, à nos anciennes expositions nationales.

« Les producteurs français ne sauraient renoncer à ce puissant moyen de publicité et d'expansion, ni se contenter de ceux que donnent les expositions régionales qui se constituent spontanément dans toute la France. Pour reprendre avec confiance le chemin qu'ils ont parcouru d'une manière si éclatante en 1851, ils n'ont qu'à jeter les yeux sur les succès qu'ils ont déjà obtenus et sur le tableau du progrès incessant de notre commerce. La moyenne de l'accroissement annuel de nos exportations, qui n'était que de 17 millions de francs dans la période comprise de 1830 à 1839, a été de 35 millions dans la période suivante, et de 123 millions dans celle qui s'est terminée en 1859. Pour cette dernière année, le chiffre total des exportations, qui ne dépassait pas 500 millions de francs il y a trente ans, s'est élevé à 2 milliards 300 millions.

« Qu'une noble et courageuse émulation vienne donc nous soutenir dans cette entreprise ! Pour conserver le rang que l'opinion nous a assigné aux deux dernières expositions, n'avons-nous pas toujours les ressources de notre sol et les aptitudes de notre génie national? Le bon goût n'imprime-t-il plus à nos produits un cachet inimitable? L'esprit d'invention de nos savants et de nos manufacturiers ne nous fournit-il pas sans cesse de nouvelles inspirations? Nos dessinateurs et nos ouvriers ont-ils perdu l'instinct de l'élégance et l'intelligence de l'art?

« L'École française des Beaux-Arts est appelée, comme en 1855, à prouver que les traditions artistiques se perpétuent chez nous. Le palais de Londres ouvre son enceinte à tous les chefs-d'œuvre de l'art moderne. Chacun, nous n'en doutons pas, s'empressera d'apporter au jury les ouvrages d'élite dont il sera l'auteur habile ou l'heureux possesseur, et de compléter par ce brillant fleuron la couronne de notre Exposition nationale.

« Acceptons avec confiance l'hospitalité qui nous est cordialement offerte. Que ces relations pacifiques resserrent encore l'alliance de deux grands peuples; qu'elles établissent entre toutes les nations cette solidarité commerciale devant laquelle tombent de jour en jour les préjugés, les méfiances et les rancunes.

« La Commission française, se conformant aux instructions expresses de l'Empereur, fera tous ses efforts pour seconder cette grande entreprise. Elle favorisera les exposants en mettant à la charge de l'État les frais de transport de leurs produits. Elle leur procurera par ses catalogues et par ses rapports une publicité plus large et plus prompte que celle qui leur a été offerte dans les précédentes expositions. Elle ne négligera rien pour donner, par une installation convenable, tout le relief possible aux chefs-d'œuvre de l'art et de l'industrie.

« Mais ce qu'elle réclame instamment, c'est l'action individuelle ou collective des producteurs et des négociants. Elle désire s'aider de leur concours plus qu'il n'a été loisible de le faire en 1851; elle n'interviendra que là où ce concours serait insuffisant. Que les chefs d'industrie se concertent donc sur les mesures qu'exige l'Exposition de 1862; qu'ils signalent à la Commission impériale leurs vœux et leurs besoins, et surtout qu'ils s'appliquent à trouver en eux-mêmes les moyens d'assurer leurs succès.

« Les agriculteurs, les industriels et les commerçants sont, par leurs habitudes et par la nature de leurs travaux, mieux préparés que les autres classes de la nation à se passer de la tutelle administrative. Accoutumés à ne prendre pour guide dans leurs opérations que la décision spontanée d'un jugement sain et exercé, ayant sous leur direction immédiate une partie considérable de la population, ils sont destinés à exercer une influence prépondérante dans les États libres. Cette intervention de la propriété rurale, du commerce et de l'industrie dans les grandes questions d'intérêt public est une cause de sécurité et un élément de puissance pour les peuples modernes. Nous voudrions qu'elle se manifestât plus souvent dans notre pays, et nous serions heureux de contribuer, autant que le comporte la mission qui nous est confiée, à diriger vers ce but les efforts de nos concitoyens.

« Paris, le 1er juin 1862.

« *Le Président*, NAPOLÉON (JÉRÔME).

« E. ROUHER, *Vice-Président*; F. DE PERSIGNY, A. FOULD, MÉRIMÉE, ARLÈS-DUFOUR, Mal VAILLANT, DROUYN DE LHUYS, MICHEL CHEVALIER, GERVAIS (de Caen), THOUVENEL, SCHNEIDER, Bon GROS, E. MARCHAND.

« *Le Secrétaire général*, F. LE PLAY. »

En transmettant cette circulaire à MM. les sous-préfets et maires du département, M. le Préfet les priait de vouloir bien lui donner toute la publicité possible et de la communiquer surtout à ceux de leurs administrés, producteurs agricoles ou industriels, qui pouvaient tenir un rang honorable à ce nouveau concours de toutes les nations.

« Il importe, ajoutait-il, et le gouvernement compte à cet effet sur vos soins, de leur expliquer les motifs d'intérêt

public qui doivent faire désirer que la France y soit dignement représentée. Les expositions universelles sont véritablement les grands marchés internationaux de notre
époque, et aucun peuple ne saurait s'abstenir d'y paraître
sans amoindrir son importance commerciale.

« Le gouvernement s'inspire donc des véritables intérêts
de l'industrie lorsqu'il l'exhorte à y prendre place. Nous
devons accueillir nous-mêmes avec empressement ce moyen
de faire apprécier nos produits sur les marchés étrangers.
C'est à la fois une question d'honneur pour la France et
une question d'intérêt pour nos fabricants. Ils ont trop de
patriotisme et de lumières pour sacrifier le soin de leur
propre fortune et la prospérité de leur pays à des préventions ou à des craintes réfutées d'avance par les succès de
notre industrie aux précédentes expositions. »

M. le Préfet adressait, le 22 juillet, à MM. les sous-
préfets et maires une autre circulaire dans laquelle il
appelait tout particulièrement leur attention sur l'exposition des produits agricoles qui devait figurer au concours
international de Londres :

« La Commission impériale prépare, disait-il, avec le
concours du ministère de l'agriculture, une exposition
collective des produits agricoles de la France. Cette exposition montrera, groupées par régions naturelles, les
richesses si variées de notre sol. Elle mettra surtout en
évidence les efforts de nos agriculteurs et les résultats
obtenus par eux depuis quelques années. Chaque ferme
aura ses produits classés sous le nom du producteur; celui-
ci pourra signaler, en outre, les noms de ses collaborateurs. Chaque exposition partielle aura essentiellement un
caractère local et individuel; elle offrira tous les produits
qui, aux termes du règlement, sont de nature à y figurer;
elle sera accompagnée, autant que possible, de modèles,
de plans, de dessins et de photographies décrivant les
maisons d'habitation et leurs dépendances, la disposition

générale des domaines, les bâtiments, le matériel d'exploitation, les races du pays, et particulièrement les animaux primés dans les concours.

« La Commission impériale a également signalé aux producteurs industriels les avantages dans certains cas des expositions collectives. Celles-ci sont à la fois moins coûteuses et plus brillantes ; elles font mieux ressortir le mérite de chaque exposant, et elles contribuent à mettre en lumière l'importance du groupe industriel ou agricole auquel il appartient. L'utilité de ce genre d'exposition s'est clairement manifestée dans les concours de 1851 et de 1855, et plusieurs chambres de commerce ont déjà pris à ce sujet une initiative qui ne saurait trop être suivie dans l'intérêt des exposants et de l'industrie nationale. »

A cette circulaire était joint l'arrêté suivant, par lequel était institué, dans chacun des arrondissements, un jury chargé de provoquer les demandes d'admission, de désigner les industriels qui désiraient être recommandés au choix de la Commission impériale, et de présider à la réception et à l'expédition des produits destinés à l'Exposition universelle :

ARRÊTÉ

Nous, Préfet du département de l'Eure,

Vu les décrets des 14 et 18 mai 1861, relatifs à l'institution de la Commission impériale chargée d'organiser les mesures relatives à l'envoi des produits français à l'Exposition universelle de Londres en 1862 ;

Vu le règlement général arrêté le 15 juin dernier et notamment l'article 3, ainsi conçu : « Les préfets insti- « tueront les jurys locaux chargés de proposer l'admission « des exposants et de leurs produits. Ils fixeront le nombre « des jurys de leur département et le nombre des membres « de chaque jury ; »

Arrêtons :

ARTICLE PREMIER. — Un jury est institué dans chacun des cinq arrondissements de notre département à l'effet de choisir les exposants et de présider à la réception et à l'expédition des produits destinés à l'Exposition universelle de Londres.

ART. 2. — Sont nommés membres du jury de l'arrondissement d'Évreux :

MM. Le comte DE BARREY, membre du conseil général, président de la section d'agriculture de la Société de l'Eure, à Verneuil ;

COLLAS DE COURVAL, président de la chambre consultative des arts et manufactures, à Rugles ;

MÉRY, ingénieur en chef des ponts et chaussées, à Évreux ;

PHILÉMON-FOUQUET, manufacturier, à Rugles ;

CHAUVEL, manufacturier, à Évreux ;

Paul-Firmin DIDOT fils, manufacturier, au Mesnil-sur-l'Estrée ;

SANSON jeune, membre de la chambre consultative des arts et manufactures, à Évreux ;

HUVEY, fabricant de coutil, à Evreux ;

BOURGUIGNON, architecte du département, à Évreux ;

HÉROUARD, inspecteur de la pharmacie, à Évreux ;

BOUDET, gérant des forges de la Poultière et de Conches, à Breteuil.

Sont nommés membres du jury de l'arrondissement des Andelys :

MM. POUYER-QUERTIER, député au Corps législatif, membre du conseil général, à Fleury-sur-Andelle ;

LEVAVASSEUR, ancien député, manufacturier et maire, à Radepont ;

LEGRAND, agriculteur, à Guitry ;

MM. Le comte DE LAGRANGE, député au Corps législatif,
    membre du conseil général, à Dangu;

    Le baron DE MONTREUIL, membre du conseil général,
    vice-président de la chambre d'agriculture, à
    Thierceville;

    Le baron LECOULTEUX DE CANTELEU, propriétaire, à
    Étrépagny;

    BULTEL, membre de la chambre consultative d'agri-
    culture, à Bourg-Beaudoin;

    DAVILLIERS, manufacturier, à Gisors;

    RIDEL, maire, à Cahaignes;

    MICHEL (Gabriel), ancien manufacturier, aux Andelys;

    DEGRAND, ingénieur ordinaire des ponts et chaussées,
    à Vernon.

Sont nommés membres du jury de l'arrondissement de
Bernay :

MM. Le comte D'EPRÉMESNIL, membre du conseil général,
    à Fontaine-la-Soret;

    Le baron DE FORVAL, membre du conseil général, à
    Grandchain;

    VY (Émile), président du tribunal de commerce et de
    la chambre consultative des arts et manufactures,
    à Bernay;

    LUCAS, maire, à Serquigny;

    DE SAINT-PHILBERT, membre de la chambre consul-
    tative d'agriculture, à Saint-Pierre-du-Mesnil;

    Le baron DE BEAUSSE, membre de la chambre consul-
    tative d'agriculture, à Notre-Dame-du-Hamel;

    BISSON (Isidor), membre de la chambre consultative
    des arts et manufactures, à Bernay;

    CONARD (Pierre-Vincent), fabricant, à Drucourt;

    FOCET (Émile), membre de la chambre consultative
    des arts et manufactures, à Bernay;

    PESNEL (Gratien), fabricant, à Bernay.

Sont nommés membres du jury de l'arrondissement de Louviers :

MM. PETIT (Guillaume), membre du conseil général, à Louviers ;

POITEVIN (Charles), président de la chambre consultative des arts et manufactures, à Louviers ;

DIBON (Paul), ancien président du tribunal de commerce, à Louviers ;

HUET, membre du conseil général, à Évreux ;

PRÉTAVOINE, maire, à Louviers ;

BERTRAND, manufacturier, membre de la chambre consultative des arts et manufactures, à Louviers ;

DANNET, fabricant, à Louviers ;

MERCIER, constructeur de machines, à Louviers ;

VOUILLON, manufacturier, à Louviers ;

Le docteur AUZOUX, à Saint-Aubin-d'Ecrosville ;

PÉTEL, membre de la chambre consultative d'agriculture, à Surville ;

ASSIRE, membre de la chambre consultative d'agriculture, à Gros-Theil ;

RÉQUIER, maire, à Alizay.

Sont nommés membres du jury de l'arrondissement de Pont-Audemer :

MM. LEFEBVRE-DURUFLÉ, sénateur, membre du conseil général, à Pont-Authou ;

VERGER (Guillaume), président du tribunal de commerce, à Pont-Audemer ;

PREVOST, président de la chambre consultative des arts et manufactures, à Pont-Audemer ;

DE CACHELEU, vice-président de la chambre d'agriculture, à Tourville ;

BUNEL (Félix), membre de la chambre consultative des arts et manufactures, à Pont-Audemer ;

PLUMMER père, manufacturier à Pont-Audemer ;

2

MM. Beuzard, membre de la chambre consultative des arts et manufactures, à Pont-Audemer;

Nolent-Delaitre, négociant, à Pont-Audemer;

Caillot père, manufacturier, à Saint-Philbert-sur-Risle;

Rougeron, conducteur des ponts et chaussées, chargé du service de l'arrondissement de Pont-Audemer.

Art. 3. — Les jurys éliront leurs présidents, leurs secrétaires et leurs rapporteurs. Les sous-préfets, dans les arrondissements, et le préfet, au chef-lieu du département, pourront assister aux séances et les présider toutes les fois qu'ils le jugeront convenable.

Art. 4. — La première réunion aura lieu sur la convocation et sous la présidence du préfet à Évreux, et des sous-préfets aux Andelys, à Bernay, à Louviers et à Pont-Audemer.

Les séances du jury de l'arrondissement d'Évreux se tiendront à l'hôtel de la préfecture, et celles des jurys des autres arrondissements à l'hôtel de la sous-préfecture.

Art. 5. — Les jurys se conformeront, en ce qui concerne la nature de leurs attributions et l'ordre de leurs travaux, aux dispositions du règlement général et aux instructions qui leur seront ultérieurement adressées.

Art. 6. — Le présent arrêté sera inséré au *Recueil de nos Actes administratifs* et publié par voie d'affiches dans toutes les communes du département.

Fait à Évreux, le 10 juillet 1861.

Le Préfet de l'Eure,
JANVIER.

Pour ampliation :
Le conseiller de préfecture, secrétaire général,
FLEURY.

Les jurys d'arrondissement se sont mis immédiatement à l'œuvre, et ils ont recueilli soixante-neuf demandes d'ad-

mission, ainsi réparties pour chacun des cinq arrondissements :

ARRONDISSEMENT DES ANDELYS

MM. Davillier et Cie, de Gisors, tissage et blanchiment
de coton; — Paty, manufacturier à Bernouville; — Barbe
père et fils, à Dangu; — L'Hermitte frères, filateurs à
Bezu-Saint-Éloi; — Saillart, manufacturier à Gisors; —
Pinel, constructeur d'instruments agricoles au Thil-en-
Vexin; — les membres du jury local des Andelys; —
Daliphard-Dessaint et Cie, indienneurs à Radepont; —
Peynaud et Cie, filateurs à Romilly-sur-Andelle.

ARRONDISSEMENT DE BERNAY

MM. le comte d'Éprémesnil, propriétaire à Fontaine-la-
Soret; — Pesnel jeune et fils, filateurs et fabricants de
rubans à Bernay; — Duret, filateur à Brionne; — Leroux
fils, fabricant de rubans à Bernay; — Leroux fils, cultivateur à Berthouville; — Vittecoq, farinier à Beaumont-le-
Roger; — le baron de Vigan, agriculteur à Saint-Pierre-
de-Cernières; — Lecoq, constructeur à Beaumont.

ARRONDISSEMENT D'ÉVREUX

MM. Lépicouché et Lefort, cultivateurs; — Philémon
Fouquet; Cubain et Cie, fabricants de laiton; — Chauvel,
fabricant de quincaillerie; — Cadot et Onfroy; Brossard,
fabricants d'épingles; — Reynold et Chapelle jeune; Chevalier (Casimir) fils aîné; Vallet et Cie, fabricants d'articles
de sellerie et de carrosserie; — Dupont (François); Saullière
père et fils; Pottier (Théophile); Dufour et Cohue, fabricants
de grosse quincaillerie; — Ogerau, tanneur; — Leveau,
fabricant de coutils; — Martin frères; Loth (Isidor),

luthiers; — Chenel (Louis-Ferdinand); Renout; Bideaux; Ravenet et Dumont, industrie des peignes; — Bonvallet-Védie, fabricant de meules à moulin; — Durvie, constructeur de pétrins mécaniques; — Clérisse, mécanicien dentiste.

ARRONDISSEMENT DE LOUVIERS

MM. Dannet et Cie; Raphaël Renaud; Jeuffrain père et fils; Poitevin et fils; Ch. Poitevin; Constant Nouflard et Cie; Hippolyte Gastine; Brugnière et Cie; Breton et Barbe; Remy et Picard; Bertin et Pennelle; F. Pellier et Cie; fabricants de draps; — Mercier, constructeur mécanicien; — Vouillon, manufacturier; — Calvet-Rogniat et Ch. Fresné, fabricants de plaques et rubans de cardes.

ARRONDISSEMENT DE PONT-AUDEMER

MM. Bunel frères; Verger (Frédéric-Guillaume); Verger (Charles), tanneurs; — Fauquet-Lemaître et Prevost, filateurs; — Lejeune, filateur de laine, à Glos; — Roudil (Marius), farinier à Pont-Audemer; — Vauquelin et Deville, fabricants d'eaux-de-vie de cidre à Beuzeville et à Foulbec.

Par suite des éliminations qui ont été faites pour divers motifs, et de l'abstention d'un certain nombre d'industriels qui, bien qu'admis, n'ont pas cru devoir user de la faculté qui leur était accordée, sur les soixante-neuf personnes qui avaient formé des demandes d'admission, vingt-sept seulement ont figuré à l'Exposition. Il faut y ajouter quatre noms qui, bien qu'appartenant à notre département, avaient été soit confondus dans des expositions collectives, soit portés sur la liste des fabricants de Paris. Ce sont ceux de S. Exc. le président Troplong, de MM. le docteur Auzoux, Audresset et fils et Cassella. Cette adjonction porte à trente et un le nombre de nos exposants, que j'ai ainsi groupés suivant l'ordre dans lequel ont été classés les produits :

Classe III. — *Produits agricoles et alimentaires.*

M. Lépicouché, cultivateur au Vieil-Évreux : blé et laine ;
S. Exc. M. Troplong, président du Sénat et du conseil général de l'Eure : vins.

Classe VII. — *Mécanique industrielle.*

M. A. Mercier, constructeur à Louviers : machines pour la filature de la laine et pour la fabrication du drap ;
MM. Calvet-Rogniat et Fresné, de Louviers : garnitures de cardes ;
M. le comte d'Éprémesnil, à Fontaine-la-Soret : appareil de transmission de force motrice.

Classe XVII. — *Instruments et appareils de chirurgie, d'hygiène et de médecine.*

M. le docteur Auzoux, de Saint-Aubin-d'Écrosville : préparations d'anatomie clastique.

Classe XVIII. — *Fils et tissus de coton.*

M. Duret, de Brionne : cotons d'Algérie, de la Guyane française et d'Amérique, fils et tissus écrus ou teints ;
M. Peynaud, à Romilly-sur-Andelle : coton, fils et calicots ;
MM. Fauquet-Lemaitre et Prevost, à Pont-Audemer : fils de coton ; fils de lin.

Classe XIX. — *Tissus de lin et de chanvre purs ou mélangés.*

M. A. Leveau, à Évreux : coutils de coton, de fil et coton.

CLASSE XXI. — *Fils et tissus de laine pure et mélangée.*

M. VOUILLON, manufacturier à Louviers : fils feutrés, draps faits avec des fils feutrés ;

MM. AUDRESSET et fils, à Louviers : laine et duvet de cachemire peignés et filés, tissus de cachemire ;

MM. RAPHAEL-RENAUT, — JEUFFRAIN père et fils, — POITEVIN fils, — Ch. POITEVIN, — DANNET et Cie, — H. GASTINE, — C. NOUFLARD, — PENNELLE et BERTIN, — REMY et PICARD, — PELLIER et TRUBERT, — BRETON et BARBE, — BRUGNIÈRE, fabricants à Louviers : draperie unie et façonnée, nouveautés.

CLASSE XXIII. — *Spécimens de teinture et d'impression.*

MM. DALIPHARD-DESSAINT et Cie, à Radepont : tissus de coton imprimés.

CLASSE XXVI. — *Cuirs et objets de sellerie.*

MM. BUNEL frères, à Pont-Audemer : cuirs forts pour semelles ; cuirs pour harnais, peaux de cochon, etc. ;

MM. OGERAU père et fils, à Vernon : cuirs pour chaussures, peaux de mouton chamoisées, cuirs pour sellerie.

CLASSE XXXI. — *Quincaillerie, ouvrages de métaux communs.*

M. CHAUVEL, manufacturier à Navarre : objets en cuivre, dés à coudre, anneaux, boucles, etc. ;

MM. CUBAIN et Cie, à Courteilles, près Verneuil : cuivre laminé et tréfilé.

CLASSE XXXVI. — *Tabletterie et dessin industriel.*

M. C. CASSELLA, à Ézy : peignes d'écaille et de corne.

Dans son rapport au conseil général pour la session de 1861, M. le Préfet, après avoir rendu justice au zèle aussi empressé qu'intelligent avec lequel les jurys d'arrondissement se sont acquittés de leur mission, ajoutait :

« Confiants dans la libéralité du conseil général et dans sa sollicitude bien connue pour nos intérêts agricoles et industriels, les jurys d'admission, et notamment ceux d'Évreux et de Louviers, ont fait espérer aux exposants que le département leur viendrait en aide et réduirait les dépenses qu'a laissées à leur charge le règlement général arrêté par la Commission impériale. Cette promesse a produit de bons résultats, et un assez grand nombre de petits fabricants se sont fait inscrire dans la pensée qu'ils n'auraient pas à se préoccuper de commissionner un agent ou représentant à Londres, pour le déballage, le rangement et la surveillance, aussi bien que pour le réemballage et le retour de leurs produits.

« Sans doute il ne peut être question d'exonérer les exposants des constructions et installations de toute sorte que réclamera l'exposition de leurs produits dans l'empla cement qui leur aura été assigné. Mais ce sera beaucoup pour eux d'avoir à leur disposition un agent avec lequel ils puissent correspondre et s'entendre pour les frais d'installation de leurs produits, et qui soit chargé de les recevoir, déballer et placer dans l'endroit qui leur aura été préparé, d'en surveiller l'entretien, puis de les réemballer et réexpédier après l'Exposition.

« J'ai pensé, Messieurs, qu'il entrerait dans vos vues de déférer au vœu exprimé par les jurys d'admission dont plusieurs d'entre vous ont bien voulu faire partie, et j'ai l'honneur de vous proposer d'ouvrir au budget départemental un crédit spécial de 3,000 fr., sous le titre de *frais d'agence à Londres pour l'Exposition universelle de 1862.* »

Dans sa séance du 26 août, le conseil général, s'associant à la généreuse pensée de M. le Préfet, a, sur le rapport de M. de Barrey, voté le crédit demandé.

Le nombre des industriels de l'Eure admis à l'Exposition de Londres s'étant trouvé réduit, comme nous venons de le dire, à trente et un, la création d'une agence spéciale à Londres est devenue inutile et, par suite, le crédit voté par le conseil général est resté sans emploi. M. le Préfet conçut alors la pensée d'utiliser une portion de ce crédit en l'employant aux frais de rédaction d'un mémoire destiné à consacrer la part prise par le département de l'Eure à l'Exposition universelle de 1862. Il s'exprimait ainsi, au mois d'août dernier, dans son rapport au conseil général :

« Malgré son amoindrissement numérique, notre contingent départemental a toutefois joué un rôle considérable, ainsi que l'attestent les douze médailles qu'il a obtenues. C'était là un fait honorable dont il était impossible de ne pas tenir compte. Il m'a semblé juste aussi de rendre une sorte d'hommage public à ceux de nos industriels qui, au prix de lourds sacrifices, ont tenu à honneur de représenter le département à l'Exposition. J'ai donc cru répondre à vos intentions en affectant une partie du crédit resté disponible à l'élaboration d'un compte rendu spécial consacré à nos exposants... »

Le conseil général, dont le concours ne fait défaut à aucune mesure utile aux intérêts du département, a, dans sa séance du 27 août 1862, voté le crédit demandé par M. le Préfet.

Chargé de ce travail, nous avons fait connaître déjà les conditions dans lesquelles nous l'avons entrepris et les données générales qui ont servi de base à son exécution. Il comprend :

1º Un aperçu général de l'Exposition universelle de 1862;

2º Une analyse sommaire de l'exposition française;

3º Le compte rendu détaillé des divers contingents qui ont formé l'exposition du département de l'Eure.

CHAPITRE II

APERÇU GÉNÉRAL DE L'EXPOSITION

On n'a pas épargné, et avec raison, la critique à cette construction vulgaire qu'on a appelée trop pompeusement le *palais de Kensington*, à cet immense écrin de briques, de fonte et de verre qui, pendant six mois, a renfermé tous les joyaux les plus précieux de l'industrie humaine.

La première fois que nous nous sommes arrêté devant sa façade, nous avons été tenté de nous croire devant une forteresse. De hautes murailles en briques d'un jaune de nougat mal cuit, quelque peu crénelées et percées de meurtrières avec bastions et redans, surgissaient comme de menaçantes fortifications destinées à abriter plutôt les engins de la guerre que les produits de la paix. Quant aux deux énormes dômes en verre s'élevant aux deux extrémités de la grande nef, c'étaient de somptueuses inutilités qui, sous le rapport du sentiment artistique, ne nous paraissaient mériter aucune sérieuse appréciation. Les Anglais, qui ont souvent de l'esprit quand ils n'ont pas le *spleen,* ont caractérisé ces dômes malencontreux par une expression aussi exacte que pittoresque : ils les ont appelés des *glass-crinolines.*

Mais s'il est juste de signaler le côté défectueux de ce bâtiment gigantesque, si on a pu le comparer à une halle ou à une gare de chemin de fer, il ne faut pas attacher à ses défauts extérieurs plus d'importance qu'ils n'en méritent. Les Français, oubliant que ce palais, ayant une destination

provisoire, ne devait avoir qu'une durée éphémère, n'auraient pas manqué de se donner beaucoup de mal pour
en animer les façades par des dépenses de style et d'ornementation, pour créer, avant toutes choses, une œuvre de
goût et d'agrément.

Les Anglais, avec leur bon sens pratique, ont compris
que le bâtiment n'était ici que l'accessoire, et ils se sont
efforcés surtout de le disposer de manière à ce qu'il pût
remplir convenablement le but auquel il était destiné. En
cela, ils n'ont pas eu tout à fait tort. Et s'ils nous paraissent mériter un reproche, c'est pour avoir sacrifié si peu
que ce soit au besoin de l'ornementation. N'ayant voulu
faire qu'une immense boîte, ce qui était excusable, ils se
sont crus obligés d'en décorer l'intérieur, d'en badigeonner
les nefs et les piliers, et ils ont réussi à en faire quelque
chose qui ressemblait à un immense casino.

Mais tous les défauts de forme ou de goût que l'on a pu
reprocher au bâtiment de l'Exposition ne sauraient nous
faire oublier les titres auxquels il se recommandait, sinon à
notre admiration, du moins à notre surprise. Pour bâtir
leurs pyramides, les Égyptiens employaient des nations
entières et mettaient des siècles. C'est en six mois à peine
que le seul peuple anglais a construit ce bazar colossal où
étaient réunis tous les chefs-d'œuvre du génie humain et
les produits du monde entier. Et, si l'on songe à la masse
incroyable de matériaux qu'il a fallu remuer et mettre en
place, ce prodigieux résultat peut servir à racheter les
défauts dont ont souffert la science architecturale et le goût
artistique.

Il est enfin une autre circonstance que la justice nous
oblige à signaler et qui est à l'avantage du génie pratique
de l'Angleterre. La lumière était dispersée dans toutes les
parties du bâtiment de manière à ce qu'il fût possible de
bien voir, même sous les galeries supérieures élevées
autour des trois nefs. Et c'était là un avantage dont nous

aimons à tenir compte, bien que, par un rapprochement dont puisse souffrir notre orgueil national, il nous ait rappelé les bas côtés de notre palais de l'Industrie, ces limbes obscurs et tristes où, lors de l'Exposition de 1855, s'engageaient à regret de rares visiteurs empressés d'en sortir.

Les Anglais, qui aiment à faire montre de leurs sentiments religieux, semblent avoir voulu imprimer au palais de Kensington un cachet qui en fit la grande cathédrale du monde industriel. En pénétrant par la porte du côté de Glocester-Road, et en s'arrêtant sous le dôme occidental, le regard était attiré par des inscriptions bibliques tracées autour des rosaces en verres de couleur percées à chaque extrémité du transsept et au-dessus du porche d'entrée. On y lisait : *Gloria in excelsis Deo et in terrâ pax; — Deus in terram respexit et implevit illam bonis suis, — et enfin, Est Dominus in terrâ et plenitudo ejus.* Et, pour que l'illusion fût complète, l'orgue mugissait au-dessus de la tête du fidèle pénétrant dans le sanctuaire et remplissait de ses puissants accords les voûtes frémissantes de la grande nef.

Si maintenant nous laissons de côté la question monumentale et artistique pour ne nous occuper que de l'Exposition elle-même, nous regardons comme un devoir de protester contre les dénigrements beaucoup trop absolus d'un grand nombre d'étrangers, de Français surtout, qui se sont ingéniés à répéter sur tous les tons que ce grand et magnifique spectacle n'a été qu'une déception et ne valait pas ce qu'il en coûtait pour l'aller voir.

Nous reconnaissons volontiers que, au point de vue d'une rigoureuse analyse, les produits entassés sous la double coupole du bazar de Kensington ne révélaient pas, absolument parlant, de progrès sensibles sur ceux que nous avons étudiés en 1855 au palais de l'Industrie, à Paris. Mais il ne faut demander au genre humain que ce qu'il peut donner, et, à moins d'une exigence inexplicable, on ne saurait prétendre que cinq années suffisent à l'enfante-

ment d'assez de découvertes nouvelles ou même de perfectionnements sérieux pour former une exhibition se
recommandant par une complète originalité.

Le progrès ne consiste pas seulement à enrichir la science
industrielle de quelque grande invention comme la vapeur
ou l'électricité. Il réside aussi dans l'amélioration des procédés connus; dans une meilleure distribution des forces
mécaniques; dans la vulgarisation des articles de goût, et
plus encore dans le développement des ressources de la
production économique. Sous ces divers rapports, l'Exposition de Londres a été très-remarquable, et elle offrait à
tous les observateurs sérieux de nombreux et intéressants
sujets d'étude.

Il n'entre pas dans notre plan de dresser l'inventaire
détaillé des produits sans nombre que l'hospitalité britannique a parqués de son mieux dans son panthéon industriel.
Notre tâche est moins ambitieuse. Après un rapide coup
d'œil jeté sur l'ensemble de l'*International Exhibition*,
nous nous proposons de présenter quelques observations
particulières sur l'exposition de la France et, notre dette
de patriotisme payée, nous terminerons cette revue sommaire par un compte rendu spécial consacré aux industriels
et aux industries du département de l'Eure qui ont figuré
aux solennelles assises de Kensington.

Un touriste de mauvaise humeur, fatigué d'une longue
course à travers les galeries de l'Exposition, ou digérant mal
un *lunch* pris au buffet anglais, contestait un jour devant
nous l'utilité de ce grand concours de produits hétérogènes,
venus, disait-il, on ne sait pourquoi de tous les bouts du
monde. « Quand l'Exposition actuelle ne servirait, répondit
une personne présente, qu'à faire dépenser des millions et
qu'à attirer à Londres trois ou quatre cent mille voyageurs
qui n'y seraient pas venus sans cela, il n'en faudrait pas
davantage pour la légitimer! »

L'observation était pleine de bon sens; mais ces grandes

manifestations du travail et de l'intelligence se recommandent à des titres plus sérieux pour l'homme spécial qui y
vient chercher de précieux éléments de comparaison pour
ses travaux, des sujets de généreuse émulation qui serviront à l'agrandissement de la sphère où il se meut, et des
modèles ou des inspirations dont il saura tirer parti pour
réaliser de nouveaux progrès.

Mais c'est surtout pour le philosophe, pour le penseur
que les Expositions universelles sont un vaste et intéressant
sujet d'études. Perdu au milieu de la foule qui ne s'émeut
que des splendeurs du spectacle, il élève sa pensée au-
dessus des étonnements que provoque cette immense
exhibition des produits du travail humain. Avant de les
soumettre à un examen détaillé, avant de passer au crible
de l'analyse toutes ces merveilles de l'industrie, de les
comparer les unes aux autres pour faire la part du mérite
qui revient à chaque peuple, à chaque exposant, il se
recueille dans ses souvenirs et, remontant dans le passé,
juge les œuvres d'aujourd'hui en les comparant à celles
d'autrefois. Chaque produit exposé n'est plus seulement un
objet précieux par la matière première, par la main-
d'œuvre, par l'art, par les caractères d'utilité ou d'agrément qui le distinguent, c'est une formule qui résume tous
les progrès accomplis pendant le temps qui sépare ce produit de ses similaires dans le passé.

Et alors quel horizon infini s'ouvre à sa pensée ! L'antique quenouille lui apparaît comme un rêve à côté de ces
métiers modernes, prodiges de la mécanique industrielle,
dont les doigts d'acier, souples, déliés, infatigables,
comme animés par une âme invisible, filent ou tissent le
coton, la laine et la soie. Entre les chars d'autrefois et la
puissante locomotive qui prête ses ailes de feu à nos trains
de chemins de fer, entre la pagaie du sauvage et l'hélice,
que de révolutions oubliées ou méconnues, révolutions de
l'intelligence et du savoir, de la théorie et de la pratique,

éléments du progrès infini disparus tour à tour, sans même laisser après eux de débris qui puissent servir à reconstituer leur histoire !

Ce sont ces ressouvenirs pleins d'enseignements qui frappent tout d'abord l'observateur sérieux au spectacle de ces grandes manifestations du génie humain. Mais il est un autre côté encore qui leur donne, pour lui, un intérêt particulier. Ainsi, il n'y trouve pas seulement l'attrait qui s'attache à la recherche des qualités particulières aux divers produits exposés; il peut, par le simple examen des objets qui sollicitent ses regards, deviner la source d'où ils proviennent, et signaler dans chaque groupe de produits l'empreinte du génie particulier à chaque nation exposante. Ce caractère distinctif était surtout très-frappant pour l'exposition anglaise, à laquelle nous devons la première place dans ce compte rendu, ne fût-ce que par déférence pour la maîtresse du logis.

L'Angleterre a pourtant abusé peut-être de ce titre, et on a pu lui reprocher de s'être fait la part du lion dans l'arrangement international du palais de Kensington, où elle a pris, à elle seule, autant de place qu'elle en a réservé pour toutes les autres nations. On reconnaît déjà à cette orgueilleuse partialité l'immense amour-propre national et la fière conscience de sa grandeur qui caractérisent le peuple anglais. Mais ce sentiment se trouvait tout aussi profondément empreint dans toute son exposition. Autour de l'industrie métropolitaine, elle avait groupé avec une superbe ostentation toutes les colonies qui relèvent de sa puissance, et cette splendide couronne de satellites comptait autant de perles que de fleurons : le Canada et ses bois de construction ; la Tasmanie et ses richesses minérales; l'Australie, tout un monde mystérieux dont les placers sont assez riches pour payer la rançon de la dette anglaise; l'Inde avec son éblouissant cortége de richesses orientales, ses étoffes tissées d'or et de soie, ses chefs-d'œuvre d'ivoirerie, ses meubles en bois de santal, ses gazes lamées d'argent, ses cachemires, ses bijoux en filigrane; puis Libéria et ses dépouilles d'animaux, la Nouvelle-Zélande, Sainte-Hélène, les Iles Ioniennes, et tant d'autres dont les noms nous échappent !

En examinant en détail cette plantureuse exhibition, on y retrouvait tout aussi saisissant et curieux le caractère de hautaine individualité nationale que nous venons de signaler. Comme pour affirmer sa richesse, l'Angleterre avait élevé, au seuil de son exposition, un obélisque haut d'une vingtaine de mètres et qui a pris rang parmi les curiosités de Kensington sous le nom de trophée d'or de Victoria (*Victoria gold trophy*). Cette orgueilleuse pyramide n'avait sous le rapport de la forme rien qui la recommandât. Mais elle représentait la masse d'or extraite des placers de l'Australie depuis 1850, c'est-à-dire un volume de 800 tonnes avec une valeur de 104,649,728 livres sterling, quelque chose comme deux milliards six cents millions de francs ! Peut-on imaginer un objet qui soit de nature à plus vivement frapper l'esprit et attirer les regards ?

Un peu plus loin, c'est de sa puissance militaire et maritime que l'Angleterre a semblé vouloir donner la mesure. La nef était transformée en un menaçant arsenal où figuraient, à côté d'un vaste trophée de fusils et de carabines Enfield, toutes les variétés d'engins terribles que, sous prétexte du besoin de la paix, invente chaque jour le génie de la guerre. Il y avait là toute une pléiade de canons à longue portée et surtout le fameux canon Armstrong, ce mastodonte de l'artillerie moderne, qui pourrait bien n'être, après tout, qu'une effrayante inutilité. A côté de ce géant de fonte, on voyait tous les spécimens de plaques de blindage servant à cuirasser les vaisseaux, puis les boulets cylindro-coniques du capitaine Mac-Neile, avec lesquels un canon comme *the Prince Alfred* peut percer ces carapaces de fer. Enfin, l'arsenal de Woolwich avait vidé tout son répertoire de modèles de constructions navales pour faire à la puissante Albion une auréole digne de la suprématie acquise à son pavillon sur toutes les mers du globe.

Ces divers spécimens offraient d'ailleurs le cachet d'élégance et de coquetterie confortable qui est un des caractères distinctifs du génie anglais. Les pièces d'artillerie étaient d'un brillant irréprochable, et leurs affûts en bois d'acajou affectaient un air de propreté que leur envieraient les meubles les mieux entretenus. Les modèles de navires avaient une grâce charmante qui en faisait de véritables bijoux précieux. Et à pénétrer plus intimement dans l'exposition britannique, on voyait ce caractère de recherche extérieure empreint dans toutes choses. Les ustensiles de ménage le reflétaient sous leurs formes les plus vulgaires; on le signalait dans les poteries usuelles qui, vernissées avec soin, ont un air de gentillesse qui fait plaisir et donne envie de s'en servir. Ce cachet de propreté et de distinction se révélait même dans les objets destinés aux plus rudes usages : dans la grosse coutellerie de Sheffield, dans les ressorts de tender, dans les roues et les essieux de waggon, etc.

Si l'Angleterre s'est fait une large place dans son palais de Kensington, rendons-lui du moins cette justice de reconnaître qu'elle n'a rien négligé pour la remplir dignement. Son orfévrerie témoigne des efforts qu'elle fait pour rivaliser avec la France, à laquelle elle a pris ses artistes, comme Morel–Ladeuil, Vechte et tant d'autres, pour leur demander le secret de ces merveilles d'art et de goût qui sont la gloire de notre industrie. L'exposition de M. Hancock renfermait quelques pièces d'argenterie ciselée d'un très-beau travail, entre autres le groupe de l'Ivanhoë et la coupe de Milton. Mais, sous le rapport de la bijouterie artistique, l'Angleterre a encore beaucoup à apprendre avant que sa *serrurerie d'or* puisse être au niveau de notre joaillerie si légère, si élégante et si distinguée.

En revanche, elle est bien près de nous atteindre, sinon de nous surpasser dans les arts céramiques. Sa porcelaine commune était sans rivale, grâce à l'abstention des grandes fabriques françaises de Sarreguemines, de Creil et de Montereau. Mais ce qui est surtout curieux à étudier, ce sont les prodigieux efforts que font les céramistes anglais pour nous battre sur le terrain de l'art proprement dit. La fabrique royale de Worcester avait exposé un service de table et quelques surtouts qui peuvent lutter avec les meilleurs produits de Sèvres. M. Minton, un des fabricants les plus distingués du Royaume-Uni, s'était fait représenter par un très-grand nombre de faïences peintes, dont quelques-unes ont un bon cachet d'originalité, et par des mosaïques pour parquet qui sont de vrais modèles de décoration confortable. M. Weedgevood avait de merveilleuses peintures sous couverte qui suffiraient à élever sur le pavois la céramique anglaise, si elles n'étaient pas l'œuvre d'un artiste français, de Lessore, ce transfuge de la manufacture de Sèvres.

Quant aux *parians* de M. Copeland, à ces biscuits, dont les tons glaireux et parcheminés les font ressembler à des œuvres d'art exécutées avec du suif, nous en laissons volontiers le monopole et la gloire à l'Angleterre.

Ce n'est pas en regardant la verrerie décorative ou de table de nos voisins que nous avons pu être tentés de nous plaindre qu'ils aient pris trop de place à l'Exposition. Il n'y avait presque rien à critiquer, sous le rapport de la variété de forme, de la légèreté et de la limpidité de la matière, de la couleur, de l'ornementation, dans les produits envoyés par les cristalleries des Ossier, des Dabson, des Naylor, des Pellat et de tous ces admirables verriers que l'Angleterre a créés au souffle de sa persévérante volonté.

Si, au point de vue des meubles sculptés, et malgré les pièces d'un bon travail exposées par MM. Jackson et Graham, l'Angleterre nous est évidemment inférieure; si elle n'a rien à opposer à nos bronzes d'art, elle peut s'en consoler au spectacle des produits sans nombre dans lesquels elle excelle et qui ont jeté un si vif éclat sur son industrie. A ce titre, nous citerons, dans les tissus, les mousselines de Glasgow, les dentelles de Nottingham, les lainages du Yorkshire, les alpagas de Bradfort, les damas et les lampas d'Halifax, les batistes d'Écosse, les toiles ouvrées d'Irlande, les toiles fortes de Dundee et les cotonnades de Manchester, menacées, hélas! de déchéance par suite de la guerre des États-Unis.

Dans les industries des métaux ouvrés, et surtout dans la coutellerie et la ciselerie fines, l'Angleterre a soutenu sa vieille réputation, mais sans que ses produits révèlent de progrès notables. Il en est de même pour son armurerie, toujours très-soignée; pour les articles de tabletterie et de maroquinerie, qui constituent une de ses spécialités industrielles les plus florissantes. Quant à ses instruments de musique, ils ont fait, littéralement parlant, tant de bruit à l'Exposition que nous ne voulons en rien dire de crainte d'être accusé de rancune à leur égard; ils ont parlé assez d'eux-mêmes pour nous épargner la peine d'en dire même le mal qu'ils méritent.

En résumé, l'exposition anglaise, à laquelle nous nous sommes arrêté plus que nous n'en avions le dessein, méritait l'attention particulière que nous lui avons accordée. Elle n'aurait pu que gagner à être resserrée dans un plus petit espace et à subir certains retranchements qui eussent épargné des répétitions fatigantes pour le public. Mais, sous cette réserve, elle a justifié par le remarquable ensemble de ses produits et par la supériorité de quelques-uns l'importance exceptionnelle qu'on lui a donnée.

Après l'Angleterre, — dans l'ordre de classement, bien entendu, — venait l'Italie qui, elle encore, nous a fourni un exemple de l'influence du caractère national sur la production industrielle. Cette terre classique des beaux-arts, à défaut d'autres traditions, a celle des souvenirs; et son exposition a été comme un reflet, hélas! bien effacé, de l'auréole de gloire que lui ont faite tant de beaux et nobles génies.

Il n'y fallait pas chercher ces produits dont la fabrication révèle des tendances progressives et économiques nées du besoin de satisfaire aux exigences incessantes de la consommation. L'industrie italienne a la prétention d'être la monnaie de l'histoire : elle vise à la forme artistique; c'est là sans doute une louable et généreuse ambition, mais qui n'est que très-imparfaitement justifiée.

Florence en est encore au préjugé des poteries mythologiques qui lui ont valu jadis une si éclatante célébrité. Mais que les temps sont changés! Le marquis Ginori a eu beau accumuler les produits de sa fabrique de Doccia; ses faïences illustrées, la plupart d'un dessin vulgaire, cuites à plusieurs reprises, ne sont que des pastiches sans valeur des *faenza* qui ont fait la gloire des vieux potiers toscans et sont encore aujourd'hui si recherchées des collectionneurs.

Voici Milan qui, plus encore que sa sœur en annexion, a cru devoir se mettre en frais d'exhibitions artistiques. A côté de sculptures en bois d'un bon travail, elle a exposé un grand nombre de statues, mais dont la plupart étaient d'une exécution assez médiocre. On y signalait, toutefois, quelques œuvres d'un mérite réel, entre autres le buste de Bonaparte, premier consul, et celui de M. de Cavour, par M. Petro Magni; le Garibaldi de M. Pascale Montanelli, et la *Géorgienne*, de M. Monti, figure un peu mignarde, mais qui, coquettement encadrée dans le demi-jour d'un boudoir oriental, produisait un très-gracieux effet.

Quant à Rome, il semble qu'elle ait voulu, avant toute chose, protester contre les aspirations annexionnistes qui menacent son antique autonomie. Elle s'est isolée dans un pavillon à part, double constatation et de ses habitudes claustrales et de l'individuelle géographie qu'elle prétend conserver. Et de ce petit temple qu'elle s'est érigé à elle-même, la ville éternelle a fait un musée en miniature auquel il n'a manqué que le cachet du génie pour justifier les prétentions artistiques dont il était l'expression. Le seul côté intéressant de cette exposition était la perfection de travail que l'on signalait dans quelques-unes de ses mosaï·ques.

Nous n'aurons pas la même remarque à faire à propos de Venise, qui figurait dans le compartiment réservé à l'Italie, sans que l'Autriche ait cru devoir protester contre cette annexion anticipée et en faire l'occasion d'un incident diplomatique. Mais l'ex-reine de l'Adriatique s'est fait si modestement représenter ! Elle a envoyé, avec quelques coffrets en bois sculpté, des échantillons de perles de verre. Cela lui a suffi pour affirmer son désir de prendre sa place dans le giron de la nouvelle Italie. *Povera Venezzia !*

Hâtons-nous de dire toutefois que si l'industrie de l'Italie est, comme son unité, encore à l'état de question, elle révèle cependant des tendances et des aptitudes particulières dont il sera possible de tirer parti quand la nation sera géographiquement et politiquement constituée. A ce titre, nous devons citer les pailles tressées et les soieries façonnées de la Toscane, si justement fière de son industrie séricicole; les broderies de Gênes; les soies gréges et moulinées de Turin; l'horlogerie de Cluse, etc.

Si, maintenant, nous passons en Espagne, en voyant le peu de place qu'elle occupe à l'Exposition, nous nous demandons involontairement ce qu'est devenue cette nation puissante qui, il y a moins de deux siècles, dictait des lois à l'Europe et pesait sur le monde entier ! Ce n'est pas seulement au point de vue politique qu'elle a dégénéré. L'affaissement dans lequel s'est étiolé peu à peu ce magnifique empire s'est étendu à son génie industriel. Qu'a-t-il fait de cette brillante couronne dont les plus beaux fleurons étaient Tolède, avec sa manufacture d'armes sans égale dans l'univers; Cordoue, avec ses cuirs peints et dorés, ornement des demeures royales; la Catalogne et sa grosse draperie; Grenade, avec ses somptueuses étoffes de soie; Murcie, sans rivale dans la fabrication des ouvrages de sparterie; l'Aragon et la Navarre, dont les durs artisans pétrissaient des poteries si estimées?

L'Espagne en est aujourd'hui réduite à exposer, pour la forme, quelques produits industriels sans caractère défini, des soieries façonnées comme on en fait partout, des dentelles qui n'ont que le mérite de faire penser aux belles Madrilènes dont elles voilent les charmes; des pièces d'orfévrerie d'un style lourd et d'un goût douteux; quelques bons articles de sellerie enjolivés d'agréments en passementerie ou en soie, etc. Mais qu'importe à l'indolente Ibérie ? A ceux qui lui reprochent la stérilité de sa fabrication, elle répond en montrant ses richesses naturelles : ses vins, ses huiles, ses laines, ses céréales, ses liéges; ses produits coloniaux : le sucre, le coton, le café, et surtout le tabac. La Havane a envoyé au secours de la métropole un contingent formé de l'élite de ses cigares, cigares dignes des dieux, si nous avions encore un Olympe, et qui excitent la convoitise de tous les vrais amateurs. N'en demandez pas davantage à la glorieuse Espagne, et laissez-la fumer sa cigarette. Aussi bien, elle n'a que l'embarras du choix. Un industriel havanais, M. C. Cuillo, a exposé un petit monument octogone, en manière de pagode à huit étages, dont les soixante-quatre panneaux étaient des compartiments fermés par des glaces et renfermant toutes les variétés connues de cigarettes, différentes de forme, de grandeur, de tabac, d'enveloppe, et formant une des plus étranges collections qui aient figuré au palais de Kensington.

Le Portugal, autre nation déchue, a trouvé aussi tout simple de se faire représenter par les produits de ses colonies, qui lui ont envoyé leurs richesses minérales, leurs ouvrages en sparterie fine, et particulièrement toutes les espèces de tabac qui, depuis l'importation de cette plante en Europe, ont pris rang dans la flore des fumeurs et des priseurs.

Après la Saxe, qui réédite éternellement ses porcelaines rocaille, aujourd'hui démodées, nous entrons dans le Zollverein, et la vieille Allemagne nous apparaît avec tous les caractères distinctifs qui constituent son génie national.

L'industrie prussienne est au plus haut point le type des tendances économiques qui dominent dans le pays d'outre-Rhin et qui se résument dans des efforts incessants pour arriver à produire au meilleur marché possible. Ce cachet de fabrication populaire est surtout remarquable dans les objets en fer ouvré, les tissus communs, la bonneterie courante, les articles de ménage et de tabletterie qu'a exposés la Prusse, et qui, à ce titre, sont plus dignes d'intérêt que les porcelaines à prétention magistrale ou les soieries tapageuses qu'elle fait figurer au premier rang de son exhibition.

Voici maintenant Bade avec ses orgues mécaniques et les spécimens de l'horlogerie de bois ou de cuivre dont la Forêt-Noire a le privilége; le Wurtemberg, dont l'industrie naïve et patriarcale se complaît à fabriquer des jouets de toutes sortes; Nuremberg, dont les soldats de bois ou de plomb sont presque aussi primitifs que les tableaux dont cette honnête ville a cru devoir se faire une parure; les villes hanséatiques, dont la gloire industrielle ne va pas au delà de la spécialité des articles en corne ou en fer et des menus objets de tabletterie.

L'Autriche occupait une large place à Kensington-Palace, et, si son contingent actuel ne se recommandait pas par un ensemble de progrès notables, nous y avons retrouvé les qualités solides et sérieuses qui ont assigné à ses produits un rang distingué dans le concours international de 1855. Ses tissus diaprés pour ornements d'église, ses châles, ses toiles ouvrées portent le cachet d'une intelligente fabrication. Mais son exposition est riche surtout en produits chimiques, une des branches les plus florissantes de l'industrie allemande; elle emprunte aussi un intérêt particulier au concours des fers de Styrie et de Carinthie, des verreries de la Bohême, à ses magnifiques collections de cartes, d'instruments de musique et de pipes.

Nous savions d'avance ce que la Belgique avait à nous montrer. Son armurerie de Liége, ses draps de Verviers, sa carrosserie, ses toiles de Flandre, ses pianos étaient pour nous d'anciennes connaissances qui n'avaient rien à nous apprendre. Mais nous n'en avons pas moins admiré les trésors d'élégance et de précieux travail que renfermaient les vitrines réservées à ses dentelles, à ses châles et à ses mouchoirs, merveilles de point de Malines on d'application qu'on dirait tissées par des fées et dans la fabrication desquelles la Belgique a conservé son incontestable supériorité.

Après un coup d'œil jeté en passant sur le compartiment de la Hollande, oasis tranquille et correcte où, sans rien de saillant, tout respire l'honnête aisance et la vertueuse médiocrité de cette nation austère, nous arrivons à la Suisse, dont l'exposition montre à quel degré d'active production peut parvenir un petit peuple laborieux et intelligent. A côté de ses toiles grand teint et de ses impressions en rouge d'Andrinople, dans lesquelles elle excelle, la

Confédération helvétique a groupé les soieries unies et façonnées de Zurich ; les rubans de Bâle, rivale de Saint-Étienne ; les mousselines brochées d'Appenzell et de Saint-Gall ; les pailles tressées d'Argovie, si déliées et si coquettes ; les robustes spécimens de son arquebuserie de précision. Mais ce sont surtout les produits variés de sa fabrication d'horlogerie fine qui ont eu, comme toujours, le privilége d'attirer l'attention. Nous ne pouvons, dans cette collection d'élite, que citer d'une manière générale les beaux chronomètres de Genève, quelques montres de marine de Neufchâtel, les montres plates et les boîtiers gravés de la Chaux-de-Fonds.

Les nations septentrionales se distinguent, en général, par le caractère sérieux de leur industrie. Ainsi, elles excellent dans la fabrication des robustes étoffes de laine, dont l'emploi est pour elles une nécessité climatérique. Sous ce rapport, l'exposition de la Suède et de la Norwége offrait des spécimens vraiment dignes d'intérêt. Mais c'est surtout au point de vue de la production naturelle que le contingent des peuples du Nord était curieux à étudier.

La Russie brillait au premier rang par ses magnifiques échantillons de lins, ses bois de construction, ses laines, dont les plus remarquables étaient fournies par la bergerie impériale d'Atnamaï, ses toisons d'Astracan, ses blés et ses fourrures. Mais la perle de son exposition était sans contredit sa collection de graphite pur recueilli dans la Sibérie orientale.

Le terme de graphite est le nom scientifique d'une substance, vulgairement connue sous le nom de *plombagine* ou *mine de plomb*, qui sert à la fabrication des crayons. Les échantillons envoyés de Russie ont été recueillis par un Français, M. Alibert, de Montauban, qui les a extraits aux environs du lac Baïkal. Pour apprécier toute l'importance de cette découverte, il faut savoir que le graphite pur, qui jusqu'alors n'était trouvé qu'en Angleterre, dans la mine célèbre de Borrowdale, du Cumberland, vaut 400 fr. le kil. A ce compte, la masse de graphite vierge exposée par la Russie sous toutes sortes de formes, même sous celle de statues, et dont la Société d'exploitation a fait cadeau, dit-on, à la France et à l'Angleterre, valait plusieurs centaines de mille francs.

Si du Nord nous nous avançons vers l'Orient, nous rencontrons la Turquie et son étincelante exhibition d'étoffes brochées d'or, de costumes chamarrés de broderies, d'armes damasquinées et enrichies de pierres précieuses. Voici l'Inde, que nous connaissons déjà; voici la Chine qui, elle aussi, a figuré au symposium universel. Son exposition, qui nous a paru formée en grande partie d'objets provenant de la conquête, n'était pas aussi complète qu'on aurait pu le désirer; mais elle offrait quelques pièces d'un travail admirable qui donnent une haute idée des ouvriers chinois. Nous avons remarqué entre autres deux grands vases en ivoire sculpté d'un merveilleux travail, et un cadre en bois d'olivier d'une seule pièce, découpé à jour, un vrai chef-d'œuvre d'élégance et de légèreté.

Le nouveau monde n'occupait qu'une très-petite place à l'Exposition. Nous y avons vu figurer, toutefois, le Chili, le Pérou, le Brésil et même le Mexique. Mais leur contingent, curieux surtout au point de vue de la production naturelle, n'offrait guère à citer que certaines armes de formes bizarres, des espèces curieuses d'oiseaux et d'animaux, des bois rares et de précieux échantillons de la minéralogie américaine. Les États-Unis ont envoyé, pour les représenter, un modèle de pompe à vapeur. Voilà à quel effacement conduit la guerre civile !

La galerie des machines, par laquelle nous allons terminer cette rapide revue, était, comme à l'Exposition de 1855, la partie la plus recherchée des visiteurs, et cet empressement était justifié par le curieux spectacle qu'elle présentait. L'Angleterre y occupait la plus large place, et on le comprend mieux encore que pour la partie réservée à l'industrie, puisque les grands constructeurs anglais, n'ayant pas à compter avec les frais énormes qu'entraîne le transport des pièces d'un fort volume, ont pu exposer, à l'envi l'un de l'autre, tous les spécimens de la fabrication du fer : locomotives, machines à vapeur de toutes sortes, produits métallurgiques bruts et ouvrés, etc.

Dans la section des machines-outils, nous avons remarqué les tours parallèles, les machines à raboter et à percer de M. Withworth, de M. Peacock, de Manchester, et de M. Fairbairn, de Londres. Dans la mécanique industrielle, il faut citer l'ensemble des appareils pour la filature et le tissage du coton exposés par les fabricants de Manchester; les métiers à toile de Belfast et de Dundee, le métier mécanique à la Jacquart inventé par MM. Jackson et Graham pour faire la tapisserie; une ingénieuse machine à faire les briques, de M. Clayvote; le moulin pour l'écrasement et la mise en galettes de la graine de lin, de M. Martin Samuelson, et la puissante pompe centrifuge de MM. Cwinne et Cie.

En dehors de l'Angleterre, nous devons signaler l'appareil électro-télégraphique pour la transcription des dépêches exposé par M. Bonnelli, de Turin; quelques belles pièces forgées pour machines à vapeur et locomotives dues à M. Crupp, de Prusse; une intéressante collection de machines pour la fabrication du drap envoyées par MM. Houzet et Teston de Verviers (Belgique); la machine soufflante à disques tournants de M. Fossey, de Liége, et un métier mécanique à la Jacquart, à six navettes, pour la fabrication du ruban, exposé par MM. Wahl et Sogin, de Basel (Autriche).

CHAPITRE III

§ Ier

LA PARTIE OFFICIELLE, LES OBJETS D'ART, LA JOAILLERIE
LA CÉRAMIQUE, ETC.

Après un long détour, nous voici arrivé à la France, but principal de notre pérégrination. Située entre l'Italie, qui lui doit sa nationalité naissante, et le Zollverein allemand, auquel vient de l'unir, en dépit du vieux Rhin, un traité de commerce inspiré par les nouvelles idées économiques, elle n'occupait qu'un espace relativement très-restreint au symposium cosmopolite de Kensington. Mais, hâtons-nous de le dire, cet espace était si bien rempli qu'en le parcourant nous nous sommes surpris à ne pas trop nous plaindre des dures raisons qui de l'hospitalité anglaise ont fait pour notre industrie un lit de Procuste où elle s'est trouvée réduite à la taille d'une des vassales de la Grande-Bretagne.

Notre exposition peut servir, elle aussi, à prouver ce que nous disions en commençant cette rapide revue. On y retrouvait les traits principaux qui constituent notre caractère national, le culte de la décoration extérieure, une habitude innée de déférence pour les choses officielles, et par-dessus tout une évidente prédilection pour tout ce qui est marqué au coin de l'élégance, de la coquetterie, du bon goût et du sentiment artistique.

Le compartiment de la France s'ouvrait sur la nef principale par un vaste portique en fonte de fer, œuvre de l'usine du Val-d'Osne, dont la prétention monumentale était rachetée par une heureuse sobriété d'ornementation. Sous le porche principal se dressait un cadre immense, veuf de la magnifique glace de Saint-Gobain que les déballeurs anglais ont si malencontreusement brisée à son arrivée à Londres. Devant cette reine absente de la cristallerie chevauchait l'ombre de quelque seigneur féodal enfermée dans une armure sortie des ateliers de M. Granger, qui s'est fait une spécialité de l'imitation de ces blindages dont s'enveloppaient les chevaliers d'autrefois.

A droite et à gauche étaient théâtralement groupés les plus luxueux produits de l'industrie d'ornementation : l'élite de nos bronzes d'art, des marbres précieusement ouvrés, entre autres la cheminée monumentale de M. L. Marchand, les riches tentures de MM. Carlhian et Corbière, les tapisseries d'Aubusson et de la manufacture de Saint-Maur, les splendides meubles des Fourdinois et des Braquenié, etc.

Après avoir passé sous cet arc de triomphe élevé à notre industrie, nous voici en pleine exposition française, et tout d'abord nous devons remarquer la large part faite à ce que l'on peut appeler la production officielle. Il faudrait, d'ailleurs, être bien difficile pour s'en plaindre quand cette production est représentée par l'imprimerie impériale, par les Gobelins, par Sèvres et par l'exposition spéciale du ministère des travaux publics.

L'imprimerie impériale a exposé les spécimens de sa production courante depuis 1855. Cette collection se recommandait moins par le luxe typographique ou la fantaisie de l'illustration que par la simplicité classique, la pureté des types et surtout la correction des textes. On y a signalé toutefois quelques ouvrages d'un mérite exceptionnel, et notamment les *Évangiles*, magnifique édition illustrée, dans le format et la justification de l'*Imitation de Jésus-Christ* qui a obtenu la grande médaille d'honneur en 1855.

L'exposition de l'imprimerie impériale renfermait aussi de curieux spécimens de l'application de la galvanoplastie à la reproduction des types étrangers, et notamment de caractères éthiopiens, et à la mise en relief d'images photographiques destinées à l'impression.

Plus loin, nous rencontrons la manufacture impériale de Sèvres, encore sans rivale pour la confection des grandes pièces décorées, irréprochables de pâte, de modelé et d'émail, mais d'un style un peu monotone qui accuse de la part de ce grand établissement un culte trop scrupuleux peut-être de ses traditions céramiques. La gravité magistrale de ces porcelaines décoratives sert d'ailleurs à faire mieux ressortir le mérite exceptionnel des services en petites pièces d'un dessin précieux et d'une exécution parfaite. Il y avait surtout une certaine armoire renfermant une douzaine de tasses d'un prix inestimable et qui ont dû éveiller bien des désirs.

A côté de Sèvres, auquel ils tiennent par leur parenté officielle, les Gobelins étalaient leurs merveilleuses tapisseries, qui sont une des gloires de l'industrie française. On a depuis longtemps épuisé toutes les formules de l'admiration pour ces prodiges d'habileté et de patience où sont reproduits avec d'incroyables délicatesses de dessin et de coloris les tableaux des grands maîtres. Nous nous bornerons à citer, parmi les pièces exposées cette année à Londres, une éblouissante copie de l'*Assomption* du Titien et un portrait de Louis XIV qui a le modelé et le fondu d'un pastel de Latour.

Beauvais, qui partage avec les Gobelins le sceptre de la tapisserie officielle, se livre plus particulièrement à la culture des œuvres d'ornementation. Cette manufacture a exposé un délicieux tapis représentant un tableau de nature

morte, et des tentures pour meubles qui, pour le fini et
l'éclat, feraient honte au pinceau le plus exercé.

Le contingent administratif de notre exposition revendique encore l'intéressante collection de modèles, cartes et
dessins relatifs aux travaux publics réunis par les soins du
ministère. C'était un musée sommaire dont chaque pièce
témoigne des immenses progrès qui se sont opérés dans
l'art des grandes constructions. Il fandrait tout citer, mais
l'espace nous manque et nous ne pouvons que signaler,
comme dignes d'une attention particulière, le modèle d'ensemble de la digue de Cherbourg, ce travail gigantesque
qui, commencé en 1782, a été terminé en 1853 ; le modèle
du pont tournant de Brest, chef-d'œuvre de hardiesse exécuté par MM. Schneider et Cie du Creusot, sur le plan de
MM. Cadiot et Oudry ; le *fac-simile* des travaux de construction du pont de Kehl ; les plans des grands travaux d'em-
bellissement de Paris ; de nombreuses cartes géologiques ;
la carte du nivellement général de la France, etc.

C'est aussi dans notre bagage officiel qu'il faut ranger le
surtout de table exécuté pour les grands dîners de la ville
de Paris par M. Christophe, et exposé à la place d'honneur sous un dais de velours. Cette pièce colossale est un
tour de force de dorure et d'argenterie. Mais, malgré tout
le respect que nous inspire sa destination administrative,
nous sommes forcé de dire en bonne conscience qu'elle nous
a paru laisser beaucoup à désirer au point de vue de l'art.
Le sujet est le triomphe de la ville de Paris, sans doute
depuis l'annexion qui l'a agrandie et les travaux de recon-
struction qui l'ont transformée. L'ensemble, dessiné, dit-on,
par M. Baltard, architecte de la ville, manque d'originalité
et de caractère ; la disposition générale est peu heureuse,
et ce défaut n'est qu'imparfaitement racheté par quelques
beaux détails qu'on signale surtout dans les figures, exécutées par nos meilleurs ornemanistes.

Autour du surtout municipal, et comme autant de satel-

lites faisant cortége à ce soleil d'orfévrerie, étaient rangées
les vitrines de la joaillerie parisienne, qui compte bien des
émules au palais de Kensington, mais qui n'a pas d'égale
encore pour la grâce et la distinction.

On peut exposer plus de diamants que MM. Millerio et
Petiteau; mais où en trouver qui soient montés avec plus
d'art et de bon goût? Toute l'orfévrerie anglaise — et nous
lui avons pleinement rendu justice — ne vaut pas la vitrine
des frères Fannière, qui ont exposé cinq ou six pièces en
argent ciselé, cinq ou six chefs-d'œuvre, parmi lesquels on
remarquait surtout un porte-salière avec figurines et une
aiguière d'un travail exquis. Pour la bijouterie courante,
la fabrication de Paris a une supériorité incontestable,
attestée par les articles en doublé et demi-fin exposés par
MM. Savart et Murat.

Dans l'industrie des bronzes d'art, la supériorité de la
France était plus frappante encore. Toutes les autres expositions n'ont rien à opposer à cette glorieuse phalange de
fabricants qui compte : pour les grandes pièces décoratives,
les Saillard, les Barbedienne, les Victor Thibaut, et surtout
Groux-Marly, qui a envoyé deux cariatides-torchères d'une
fière et magistrale tournure; pour la pure ornementation
d'art, M. Mène et ses belles études d'animaux, et M. Cain,
dont les oiseaux, d'une grande vérité d'expression et d'une
remarquable délicatesse de modelé, figureraient dignement
dans un musée.

L'exposition française n'était pas moins brillante pour
la fabrication de ce qu'on pourrait appeler le meuble d'art.
Ici, elle compte presque autant de maîtres que de
représentants. C'est d'abord M. Godin, élève de Liénard,
qui a exposé un entre-deux décoré de porcelaines décou-
pées, qui nous rend avec une élégance toute moderne le
joli système de ces meubles féminins en violette, amourette
et bois noir, avec moulures et enroulements de bronze
doré, qui marqua d'une manière si galante la fin de l'école

de Louis XIII. Puis vient M. Lemoine avec sa belle et gracieuse armoire en bois de rose, ornée de vraies peintures, suaves et blondes, coquettement rehaussées d'encadrements en or d'un style délicat et harmonieux. Il faut citer ensuite M. Delapierre et son buffet de chasse renaissance, magnifiquement sculpté; MM. Guéret frères pour un riche dressoir Louis XIV en chêne magistralement fouillé; M. Quignon, qui a envoyé pour sa part une très-remarquable armoire en chêne, dans la manière de Jean Goujon; M. Constant Sevin et son armoire en ébène avec incrustations en vieil argent, un meuble royal qui faisait partie de l'exposition Barbedienne; enfin MM. Meyer et Gallais pour leurs meubles en laque française.

Si la France compte aujourd'hui de redoutables émules dans les arts céramiques, elle est encore le foyer où viennent s'inspirer tous les artistes étrangers. C'est à ce titre surtout que se recommande la manufacture de Sèvres, où sont conservées les grandes traditions d'une des industries les plus progressives de notre siècle. Sans parler de ses artistes qui excellent pour la décoration sur porcelaine de pâte dure ou de pâte tendre, Sèvres possède des secrets chimiques auxquels elle doit des pièces que nous envie la céramique européenne. Il suffit de citer les vases en émaux translucides qui, de vert céladon qu'ils sont en plein jour, apparaissent flamboyants à la lumière, et ces vases en pâtes diversement coloriées obtenus par une seule cuisson de soixante-douze heures.

Ce que l'exposition française, en dehors de Sèvres, a de plus significatif est la tendance à l'imitation des vieilles faïences et des majoliques, dont tout le mérite est leur valeur au point de vue de la décoration. Au premier rang de cette nouvelle école, il faut placer M. Pinard, de Paris, peintre et fabricant, qui a exposé une collection variée de faïences peintes sur émail cru du premier coup et cuites à un seul grand feu de four. Après lui viennent M. Deck, qui a la spécialité des faïences avec incrustations en pâtes colorées dans la manière de celles du temps de Henri II ; M. Jean, céramiste habile et original, auquel on doit des majoliques marquées au coin d'un remarquable cachet artistique ; M. Avisseau, de Tours, qui continue à fabriquer des plats avec figures en relief dans le genre de Bernard Palissy, et dont le meilleur était celui qui représente le combat d'un héron et d'une grenouille ; enfin MM. Devers et Laurin, qui ont envoyé de remarquables produits de véritable faïence peinte sur émail stannifère.

Pour les porcelaines, nous avons à citer les services à filets dorés de la fabrique de Saint-Léonard (Haute-Vienne) ; les pièces blanches unies de M. Pouyet ; les porcelaines décorées de M. Rousseau, de vrais et purs modèles d'élégance, de bon goût et de savante originalité, et les biscuits de MM. Ardant et Gille.

La cristallerie française n'était représentée que par la manufacture de Clichy, qui a exposé à la dernière heure et pour l'honneur du drapeau quelques pièces qui, surtout en articles de table, témoignent de l'habileté de sa fabrication. C'est beaucoup ; mais, pour lutter contre les verriers anglais, ce n'était pas assez.

Notre armurerie ne comptait que peu de représentants, mais tous fabricants d'élite, et la perfection de leurs produits assurait à cette partie de l'exposition française un rang distingué, presque hors ligne, au milieu des industries similaires. Il suffit de citer à l'appui de cette assertion : M. Bernard et ses canons rayés, que l'Angleterre même nous envie ; M. Devisme, dont l'exposition renferme de curieuses carabines à projectiles explosibles pour la chasse à la baleine et à l'éléphant ; MM. Claudin, Gastine, Aubry, Lepage-Moutier, dont les armes sont remarquables entre toutes pour le fini du travail et l'élégance de la forme.

§ II

LES TISSUS; LES INSTRUMENTS DE MUSIQUE; LES INSTRUMENTS
DE PRÉCISION, ETC.

Notre industrie des tissus et les fabrications diverses qui s'y rattachent n'étaient peut-être pas représentées aussi largement que pouvait le désirer notre orgueil national. Elles figuraient toutefois d'une manière assez complète pour qu'on pût apprécier les qualités particulières qui les distinguent entre leurs similaires, les ressources qu'elles offrent non-seulement pour la production de luxe, mais aussi au point de vue des besoins de la consommation courante et usuelle.

Comme dans toutes les classes de produits qui reflètent le sentiment artistique et les inspirations du bon goût, notre industrie de la soie comptait peut-être des rivales sérieuses à l'Exposition de Londres; mais nulle n'a encore pu l'égaler. Pour nous faire concurrence, l'Allemagne et surtout l'Angleterre nous ont pris nos modèles, nos ouvriers, nos dessinateurs. Mais, malgré les sacrifices qu'elles se sont imposés, elles n'ont rien de comparable aux produits exposés par la fabrique de Lyon. Quelle perfection de tissage! quelle science dans l'emploi des couleurs! quelle ingénieuse originalité de composition et de dessin! Dans ce véritable musée de tissus précieux, tout était marqué au coin d'une irréprochable distinction, d'une incontestable supériorité : les damas de haute lisse, comme les moires de toute nuance; les satins brochés aussi bien que les velours soit unis, soit façonnés; les étoffes mordorées pour ornements d'église, au même titre que les taffetas, les poults de soie, les crêpes lisses, etc. Mais, c'est surtout dans la production des soieries dites nouveautés qu'excelle la fabrique de Lyon. Les dames seules peuvent apprécier ce qu'il y a de savante coquetterie, de recherche habile, d'originalité charmante dans ces étoffes diaprées de dessins ingénieux, semées des fleurs les plus fraîches, et dont le mérite, sous le rapport de la beauté de la forme, n'est déparé par aucune exagération d'un goût douteux.

Saint-Étienne, qui partage avec Lyon la royauté de l'industrie des tissus de soie, a exposé un assortiment de rubans unis et façonnés et des articles variés de passementerie. On y trouve à signaler de louables qualités de teinture et de tissage, de bonnes intentions de dessin. Mais, à vrai dire, et comme cela nous est arrivé pour l'Exposition de 1855, nous n'avons remarqué dans cette exhibition rubannière rien de réellement supérieur. Tout y porte le cachet d'une élégante uniformité, et l'ensemble des produits qui y ont trouvé place, si agréable qu'il fût d'ailleurs, attestait suffisamment le génie industriel de la fabrique de Saint-Étienne, mais n'ajoutera rien à sa gloire.

L'industrie de la laine jouait un rôle important dans l'exposition française, où elle a figuré sous toutes les formes correspondant aux diverses préparations de la matière première : la filature, la draperie, les lainages purs, tels que les mérinos, les barèges, les étamines, les flanelles, etc.; les tissus où la laine est mélangée au coton, comme les popelines, les tartans, les chalys, les étoffes pour ameublement.

La draperie française a soutenu sa vieille réputation sous le rapport et de la qualité de ses produits en draps lisses et du goût qui préside à la confection des tissus dits nouveautés. Mais elle n'est pas encore arrivée à lutter contre l'Allemagne et la Belgique pour le bon marché. Nos principales fabriques affectent une tendance marquée à produire l'article de fantaisie. Ce caractère était au plus haut point manifeste dans l'exposition d'Elbeuf, qui a pris l'initiative de ce genre, auquel l'ingénieuse activité de ses fabricants a imprimé un essor considérable et donné un énorme développement. Louviers, dont nous aurons à nous occuper bientôt en parlant des exposants de l'Eure, a suivi ce mouvement, et, tout en conservant son cachet de fabrication sérieuse, lutte avec Elbeuf d'invention et d'originalité. La fabrique de Sedan elle-même a subi l'ascendant des tendances nouvelles. A côté des draps lisses et noirs surtout, magnifiques de teinture et de tissage, son exposition renfermait quelques nouveautés qui méritent d'être signalées.

Autour de ces trois centres principaux de notre industrie drapière venaient se grouper d'autres fabriques de moindre importance, mais dignes d'intérêt: Vire, Mazamet et Castres, qui marchent à l'envi les unes des autres dans la voie de la production à bon marché.

Au premier rang de la fabrication des lainages se placent: Reims, pour ses molletons, ses casimirs, ses mérinos et ses flanelles; Amiens, dont l'exposition extrêmement remarquable renfermait de bons velours peluche, produit du tissage mécanique, des velours d'Utrecht, des tissus variés pour robes dus à des fabricants d'élite, au milieu desquels nous avons signalé les articles de haute fantaisie de MM. Horde et Cie, les châles et baréges de M. Gauthier, les échantillons de grosse bonneterie pour les classes ouvrières exposés par MM. Bouley et Lepage.

Nous voudrions, après cela, pouvoir détailler cette pléiade de tissus charmants connus sous le nom d'*articles de Paris*, et qui, malgré leur légèreté, sont une des gloires de notre industrie lainière : les mousselines, les chalys, les baréges, les châles imprimés, dont les gracieux spécimens brillaient d'un doux éclat dans les vitrines de MM. Larsonnière et Genest et de MM. Sabran et Jessé. Nous ne pouvons aussi que mentionner en passant, mais en lui rendant la justice qui lui est due, la fabrique de Roubaix, dont le contingent renfermait, à titre de spécialités remarquables, de bonnes nouveautés pour gilets et robes, et surtout des étoffes pour tentures offrant des qualités sérieuses sous le rapport du tissage et de la composition.

Dans la fabrication des châles, la France a conservé sa vieille supériorité, qu'attestaient les produits hors ligne des Duché père et Brière, des Frédéric Hébert fils, des Boutard et Lasalle.

Notre industrie du coton a, malgré des abstentions regrettables, lutté avec succès contre ses similaires les mieux favorisés à l'Exposition. Pour la filature, elle a eu les produits de MM. Mallet frères, de Lille, qui fabriquent dans des conditions exceptionnelles les fils pour dentelles, pour tulles et pour mousselines ; de MM. Fauquet-Lemaître et Prévost, de MM. Peynaud et Cie, dont nous aurons à reparler bientôt.

Dans la classe des tissus de coton, la France s'est fait une couronne de noms glorieux que nous envie l'étranger. Voici Mulhouse qui, au lieu de s'abstenir au jour de la lutte, a compris que le moment était venu de se compter et a déployé toutes les ressources de son immense fabrication. A côté des percales en écru et blanc de M. Kœchlin, elle a exhibé tous les produits de la colossale fabrique de Wesserling, cretonnes, calicots et impressions sur toiles et mousselines; les toiles de M. Dollfus-Mieg, les grandes impressions à douze couleurs des frères Javal, et les impressions pour tentures de MM. Thierry Mieg et Cie.

Après Saint-Quentin, représentée par ses piqués, ses mousselines, ses jaconas, ses nansoucks, ses broderies en plumetis et au métier, venaient Roanne, avec ses articles de nouveautés et ses impressions grand teint; Tarare et ses mousselines, ses tarlatanes, tous ces tissus légers dans lesquels elle excelle; Rouen, enfin, dont le contingent, bien incomplet, comptait encore de sérieux champions : MM. Legras, Bayle et Guéroult, pour leurs teintures grand teint; M. Gruel et ses indiennes; M. Dubreuil, qui a exposé de bons articles au point de vue de l'apprêt et du blanchiment; MM. Oderieu et Chardon, de Bapaume-lès-Rouen, et leurs nouveautés pour gilets. Quant à la spécialité des impressions, elle était représentée surtout par MM. Dessaint, Daliphard et Cie, que revendique notre département.

Dans l'industrie des tissus de fil de lin et de chanvre purs ou mélangés, nous trouvons à citer surtout les beaux échantillons de linge damassé de MM. Casse, de Lille, et Deneux, d'Hallencourt (Somme). Pour la qualité du tissage et la netteté du dessin, ils peuvent lutter avec les meilleurs produits de l'Angleterre et de l'Allemagne. Il faut signaler aussi les belles toiles en fil de lin, écrues ou blanches, de M. Pouchain, d'Armentières (Nord), et les coutils d'Évreux, qui trouveront leur place dans le compte rendu spécial des industries du département qui figuraient à l'Exposition de Londres.

La fabrication des instruments de musique est une de celles qu'il est le plus difficile d'apprécier, puisque tout le mérite des produits repose dans des qualités de précision et de justesse malheureusement muettes derrière les vitrines où ils étaient exposés. Les hommes spéciaux ont pu apprécier surtout les pianos de Hertz, d'Érard, de Pleyel et de tous nos facteurs d'élite; les violons et violoncelles de MM. Derazey et Jacquot; les flûtes, hautbois et clarinettes de MM. Buffet et Crampon, Husson, Buthod et Thiberville; les instruments de cuivre de MM. Gautherot et A. Sax. Ce dernier a exposé une très-intéressante collection d'instruments dits du système ascendant, à quatre, cinq, six et sept pistons, qui passent pour donner aux notes une justesse irréprochable. Sa vitrine renfermait, à titre de curiosités, plusieurs machines musicales de dimensions formidables, et, entre autres, ce qu'il appelle le saxhorn-bourdon. Ce léviathan de cuivre n'a pas moins de 17 mètres de développement sur 60 centimètres de diamètre au pavillon. On frémit à la pensée qu'un homme peut être condamné à jouer d'un pareil instrument. Une ville à laquelle des imprudents offriraient une sérénade où figurerait ce saxhorn monstrueux serait vouée infailliblement au sort de Jéricho.

La classe des instruments de précision était dignement représentée dans l'exposition française. A côté des magnifiques chronomètres et des appareils de télégraphie électrique exposés par Bréguet, on a remarqué les beaux instruments d'optique de M. Bruner, de Paris ; la machine de M. Perreaux pour diviser les lignes droites ; deux balances de précision, l'une de M. Deleuil, à 10 kilogrammes de charge et sensible à un demi-milligramme, l'autre de M. Collot, pour les substances pharmaceutiques, à 50 grammes de charge, sensible à un dixième de milligramme.

Après avoir signalé en passant dans la section de l'horlogerie quelques bonnes montres de Besançon, qui lutte aujourd'hui avec la Suisse, nous arrivons à notre fabrique d'instruments de chirurgie. Toujours sans égale au monde, elle était justement fière de l'admirable exposition de la maison Charrière, dont le mérite exceptionnel ne doit pas faire oublier les titres sérieux auxquels se recommandaient nos autres fabricants, tels que MM. Méricant et Mathieu. Pour la coutellerie ordinaire, nous avions la fabrique de Paris, qui produit surtout l'article de luxe ; celle de Thiers, pour la cisellerie courante et les couteaux de table ; enfin, Nogent (Haute-Marne), qui a exposé principalement de la petite cisellerie.

Notre fabrication de papiers, bien qu'incomplétement représentée, se recommandait à des titres sérieux qui caractérisaient surtout les produits des papeteries d'Essone, pour ses échantillons de couleurs et les espèces goudronnées ; du Marais et de Sainte-Marie, pour les papiers à billets de banque. A côté de ces grands noms il convient de citer MM. Latunc et Cie, de la Drôme, qui ont exposé des papiers vergés de qualité supérieure, et MM. Breton frères (Isère), qui fabriquent dans d'excellentes conditions des papiers sans colle pour gravures.

Parmi les industries diverses où se reflète notre génie national, il faut citer celle des papiers peints, qui emprunte un véritable cachet artistique à la manière dont M. Jules Desfossé traite les papiers à tentures, et au talent qu'apporte M. Hangings dans la composition de ses grands sujets à paysage ou à figures pour la décoration des appartements. C'est au même titre que nous mentionnons l'ivoirerie de Dieppe, qui vient d'ajouter un nouveau fleuron à sa couronne en exposant les pièces sculptées de M. Depoilly, ouvrier auquel son mérite assigne une place distinguée parmi nos meilleurs artistes.

La photographie n'est que l'application plus ou moins habile de procédés industriels, mais on est tenté de la prendre pour un art quand on a sous les yeux les belles épreuves de MM. Aguado, deux amateurs de première force ; les vigoureux dessins de Baldus ; les beaux portraits, avec ou sans retouche, de Carjat ; les grandes vues de Suisse des frères Bisson, et quelques bonnes scènes militaires de Disdéri.

C'est surtout au point de vue de l'industrie métallurgique que l'exposition française s'est ressentie de l'insuffisance de l'espace qui lui a été attribué. C'est à grande peine qu'on a pu faire place aux fontes de fer de Niederbronn, aux remarquables aciers de l'usine de Saint-Sernin, aux fers laminés des forges d'Ars, aux fontes d'ornementation de M. Durenne, de Sommevoire. Il était impossible aussi d'apprécier convenablement sur les échantillons exposés l'importance de la fabrique de MM. Estivant frères, de Givet, qui travaillent sur une grande échelle le cuivre laminé et étiré, ou de celles qui, comme Rugles, font la tréfilerie et le laminage du laiton ou du cuivre rouge. Il en a été de même pour la grosse quincaillerie de Charleville, la fonte étamée, la robinetterie et certaines industries spéciales, comme celle de M. Chauvel, d'Évreux.

Dans une autre classe, nous en dirons autant pour notre

corroirie, qui a suppléé du moins par la qualité des produits au petit nombre des exposants, parmi lesquels nous signalerons d'une manière toute particulière les frères Peltereau, de Château-Renaud, qui ont exposé de beaux et bons cuirs lissés pour semelles et pour courroies; M. Herrenschmidt, de Strasbourg, dont les cuirs pour empeignes étaient très-remarquables; MM. Bunel frères et M. Ogerau, qui appartiennent à notre département.

CHAPITRE IV

EXPOSANTS DE L'EURE

Pour l'exécution de cette partie de notre travail, objet principal de la tâche qui nous a été confiée, nous avons suivi l'ordre adopté par la Commission royale de Londres dans le classement des produits qui ont figuré au concours international de 1862.

Ces produits ont été divisés en trente-six classes, correspondant à autant de groupes industriels ayant leurs caractères particuliers et distincts. Le département de l'Eure n'a été représenté que dans dix de ces classes : les IIIe, VIIe, XVIIe, XVIIIe, XIXe, XXIe, XXIIIe, XXVIe, XXXIe et XXXVIe.

CLASSE III. — *Produits agricoles et alimentaires*

—

M. Lépicouché dit Lacôte, cultivateur au Vieil-Évreux : blé et laine. — S. Exc. M. Troplong, président du Sénat et du conseil général de l'Eure : vins

Le département de l'Eure, riche en céréales, en plantes fourragères et textiles, et où l'agriculture constitue l'élément principal de la production naturelle du sol,

ne comptait dans cette classe qu'un seul représentant,
M. Lépicouché dit Lacôte, qui a exposé du blé et de la
laine.

Ce cultivateur, doué d'un esprit sagement progressif,
dirige au Vieil-Évreux une exploitation rurale d'environ
150 hectares. La terre y était maigre et ingrate. Mais il
l'a enrichie par un travail intelligent, par des engrais
appliqués avec méthode et persévérance; et aujourd'hui
elle est parfaitement disposée pour les cultures les plus
variées et les plus productives.

M. Lépicouché est un des premiers qui aient introduit
dans le département l'usage des machines agricoles.
Ainsi, dès 1856, il installait dans sa ferme une machine
à battre de Cumming, qui n'a cessé de fonctionner depuis.
La même année, il obtenait au concours départemental de
Pacy le premier prix de culture perfectionnée. Enfin il a
été un des propagateurs de la pratique des semis en lignes,
qu'il a expérimentés sur une grande échelle, soit avec le
semoir-rouleau Tavernier, soit avec le semoir Schmidt,
dont il se sert depuis plusieurs années. Aussi ses produits
sont-ils classés parmi ceux que la meunerie estime et
recherche le plus sur nos marchés.

Les échantillons de froment qu'il a exposés appartiennent à l'espèce anglaise connue sous le nom de *blé
hamley*. C'est un blé tendre, ayant la paille et l'épi roux,
le grain d'un blanc jaune. Il se prête parfaitement aux
opérations de la mouture et a pour qualité principale
de donner un rendement considérable. M. Lépicouché
l'emploie depuis quatre ans, et les dix litres environ
qu'il a envoyés à l'Exposition de Londres sont le produit de sa culture courante. Le *hamley* est entré cette
année pour une large part dans ses semailles de fro-

ment, et il a rendu, en moyenne, trente hectolitres à
l'hectare.

Ce blé demande une bonne terre travaillée avec beaucoup de soin. Dans ces conditions, il talle vigoureuse-
ment. Il paraît plus sensible au froid que les espèces du
pays et dégénère assez rapidement; aussi est-il nécessaire
de renouveler fréquemment la semence. L'échantillon
exposé était d'une qualité et d'une beauté exceptionnelles.
Il pesait à raison de 81 kilogrammes l'hectolitre.

M. Lépicouché a expérimenté, en outre, d'autres céréales étrangères dont l'acclimatation pourrait être utile
à notre agriculture. Il a obtenu de bons résultats avec
une autre variété de froment anglais, le *spalding*, blé
tendre à épis roux, robuste en paille et donnant un bon
rendement. Cette espèce est recherchée par la meunerie,
malgré son manque de couleur. Elle vient en toute terre
et se prête parfaitement à nos habitudes d'assolement.
Elle supporte bien le froid et l'humidité; mais, comme
l'*hamley*, elle a l'inconvénient de dégénérer rapidement.

Parmi les espèces qu'a essayées M. Lépicouché, il faut
citer encore le *gros rouge d'Écosse*, blé à épis roux,
donnant au boisseau, dur à la verse et s'accommodant
de tout sol. Mais le blé *hamley* est celui qui lui a le
mieux réussi jusqu'à présent, et c'est à ce titre qu'il lui
avait paru digne de figurer à l'Exposition de Londres.

La laine exposée par M. Lépicouché provenait de ses
bergeries, qui jouissent dans le département d'une réputation méritée, sous le rapport de la production des
bonnes espèces courantes. C'était une toison de bélier
métis-mérinos, beau type reproducteur, acheté il y a
deux ans chez M. Conseil-Lamy, éleveur à Oulchy-le-
Château (Aisne). Il appartient à une race robuste, de

facile acclimatation dans nos contrées et pouvant donner
de très-bons résultats au double point de vue de l'engraissement et de la production de la laine. Cette toison, en
suint, provenait de la tonte de 1861 et pesait 13 kilogrammes, condition qui, jointe à son excellente qualité,
la recommandait tout particulièrement à l'attention des
connaisseurs.

Le commerce des animaux de la race ovine est un des
éléments principaux de l'exploitation agricole de M. Lépicouché. Aussi y retrouve-t-on surtout le cachet d'éner-
gique initiative qui caractérise ce cultivateur. Il s'est
imposé des sacrifices considérables pour acquérir les
meilleurs types reproducteurs et propager dans le département l'élève des moutons, entre autres, des dishley-
mérinos, pouvant rendre d'utiles services par la qualité
de leur laine et leur aptitude à l'engraissement. Il en a
été récompensé par les nombreux prix que ses animaux
ont remportés dans les concours soit départementaux,
soit régionaux, soit généraux. Il possède, en outre,
aujourd'hui, une très-intéressante collection de sujets,
brebis ou béliers, produits des types les plus nouveaux
et les plus estimés, et dont la vulgarisation serait un
véritable bienfait pour notre agriculture.

M. Lépicouché est un des lauréats habituels des concours agricoles. Il a obtenu des médailles d'or aux concours régionaux d'Évreux (1857), de Caen (1860), de
Rouen (1861), de Laval (1862). Il a été honoré d'une
médaille de bronze au concours national de 1860, à
Paris. Enfin, le mérite exceptionnel de ses produits vient
d'être consacré par une récompense plus flatteuse encore.
Le jury de l'Exposition internationale de Londres lui a
décerné la médaille pour l'ensemble de ses produits.

Dans la liste des exposants de cette classe se trouve un nom illustre que nous avons le droit de revendiquer, bien qu'il se rattache à un groupe de produits étrangers au département. C'est celui de S. Exc. M. Troplong, président du Sénat et du conseil général de l'Eure, qui a figuré parmi les propriétaires du Bordelais ayant exposé collectivement des vins de Libourne, de Saint-Émilion et de Fronsac.

CLASSE VII. — *Mécanique industrielle*

—

M. A. MERCIER, de Louviers : machines pour la filature de la laine et pour la fabrication des draps

La filature de la laine cardée, après être restée long-temps stationnaire, a fait depuis vingt-cinq ans des progrès considérables qu'elle doit surtout à M. Achille Mercier, constructeur à Louviers et un des industriels les plus distingués dont s'honore notre pays.

L'établissement qu'il dirige a été fondé en 1817 par M. Ambroise Mercier, auquel on doit d'importantes amé-liorations dans la mécanique spéciale à la filature de la laine, et notamment le système de commande appliqué aux métiers à filer, pour régler automatiquement le mou-vement de sortie ou d'étirage du chariot, qui détermine la quantité de laine livrée pour chaque course ou aiguillée. Son fils, M. Achille Mercier, qui lui a succédé en 1837, a marché résolûment dans la voie du progrès. L'exemple du perfectionnement des machines à filer en général, le

besoin de livrer au tissage des fils plus résistants, le développement de la production des articles de fantaisie lui
avaient fait comprendre la nécessité d'améliorer les machines à filer la laine. Il s'est appliqué sans relâche à cette
étude, et ses efforts ont été couronnés de résultats qui le
placent au premier rang dans l'industrie spéciale à laquelle
il s'est voué.

L'ensemble des machines qu'il a envoyées et qui ont
fonctionné à l'Exposition de Londres résume les améliorations qu'il a réalisées dans cette branche de la mécanique industrielle, en même temps qu'il permet d'apprécier les opérations diverses que nécessitent la filature de
la laine cardée et les transformations qu'elle subit avant
d'être convertie en tissu.

Après avoir été convenablement triée et nettoyée, la
laine est soumise à l'action du *loup*, première machine
dont le rôle consiste à ouvrir la matière première, à la
rendre plus souple, à la préparer enfin aux opérations par
lesquelles elle doit passer. Le loup exposé par M. A. Mercier se faisait remarquer par une solidité de construction
indispensable pour la rude fonction à laquelle il est
destiné, et par la combinaison des éléments les plus perfectionnés dont dispose la pratique.

M. Mercier a exposé ensuite une série de cardes dont
la mission est d'amener progressivement la laine à un état
de division et de ténuité qui lui permet d'être filée. Cette
série se composait de trois machines.

La première, dite *carde briseuse*, est remarquable par
l'ingénieuse disposition à l'aide de laquelle l'ouvrier règle
la quantité déterminée de laine qui doit passer sur les
cylindres et par le jeu de la table d'alimentation. Celle-ci
est divisée dans le sens de sa circonférence en trois ou

quatre parties égales, sur chacune desquelles l'ouvrier répartit la laine, de manière à ce que l'entraînement de celle-ci à travers la carde ait lieu aussi régulièrement que possible. La *briseuse* est composée, comme les autres, de deux cylindres alimentaires, amenant la laine sur le gros tambour qui, avec l'aide d'autres cylindres, dits *travailleurs* ou *nettoyeurs*, séparent et démêlent les filaments de la laine. Celle-ci est prise par le peigneur, d'où elle est détachée par un peigne battant et disposée en boudin ou ruban continu par son passage dans un entonnoir tournant, placé à l'un des côtés du peigneur.

De cette première machine la laine passe automatiquement à la seconde carde, dite *repasseuse*, sur laquelle elle opère la même évolution, avec cette différence que les rubans viennent se ranger d'eux-mêmes sur la table d'alimentation en nappe régulière et uniforme, et que leur passage de biais à travers les cylindres a pour résultat de produire le mélange parfait de tous les filaments.

La troisième carde, dite *boudineuse*, reçoit à son tour le ruban continu formé par la seconde. Elle diffère des deux autres en ce que le gros peigneur est remplacé par deux organes de même nature, mais d'un plus petit diamètre, garnis de petits anneaux ou bandelettes circulaires régulièrement espacés. Ceux du peigneur supérieur correspondent avec les intervalles qui séparent ceux du peigneur inférieur. Ils servent à diviser la nappe de laine en petits boudins qui, après avoir subi un frottement dont l'effet est de leur donner une forme cylindrique, viennent s'enrouler sur deux bobines alimentées chacune par un des peigneurs.

Quatre-vingts kilogrammes de laine peuvent être cardés

dans l'espace de vingt-quatre heures par les trois appareils de M. Mercier.

Ces cardes se recommandent par certaines modifications générales dues à l'habile constructeur de Louviers. On signale pour toutes les trois l'augmentation du diamètre des cylindres travailleurs et la diminution de celui des cylindres nettoyeurs, dans le but d'augmenter le contact des surfaces cardantes tout en amoindrissant le déchet par la diminution des filaments projetés dans l'espace. On remarque aussi un perfectionnement très-ingénieux des moyens de réglage et du système d'alimentation, qui fonctionne avec une régularité parfaite. Enfin, il faut mentionner la substitution du peigne cylindrique à l'ancien système de peigne à lames et à mouvement alternatif, perfectionnement qui permet de travailler également toutes les espèces de laines, aussi bien les plus courtes que les plus longues, sans être obligé, comme autrefois, de limiter la vitesse pour ne pas détériorer les dents des cardes.

La carde boudineuse ou finisseuse a été l'objet d'une modification toute spéciale, consistant dans la combinaison avec le peigne cylindrique d'un *rota-frotteur* destiné à donner au ruban une forme cylindrique.

Après avoir passé par la série des cardes, la laine doit être amenée à l'état de fils. Cette transformation est opérée à l'aide de machines à filer exposées par M. Mercier, et dont l'ensemble comprend un métier surboudineur, un métier mull-jenny et un métier continu.

Le métier surboudineur est à 120 broches et sert à allonger de moitié les boudins livrés par la carde finisseuse. Le mull-jenny est à 210 broches et à système intermittent. Il peut, avec de bonnes laines filées à une finesse moyenne, produire jusqu'à 600,000 mètres de longueur en douze heures de travail. Le métier continu, également de 210 broches, est construit d'après le système Vimont. Sa marche est d'une régularité parfaite et, avec l'aide d'une seule femme comme rattacheuse, il file environ 800,000 mètres par vingt-quatre heures.

On signale dans les métiers à filer exposés par M. Mercier plusieurs perfectionnements auxquels ils doivent leur incontestable supériorité. Dans les machines construites d'après l'ancien système, la quantité de laine livrée pour chaque course ou aiguillée était déterminée par le chariot. Or, comme celui-ci était mû à la main et nécessairement à une vitesse variable, il en résultait l'impossibilité d'obtenir des résultats uniformes. Pour remédier à cet inconvénient, M. Mercier a imaginé un moyen aussi simple qu'ingénieux de commander automatiquement le mouvement de sortie ou d'étirage du chariot, de manière que la quantité de laine pour chaque course est réglée d'une manière invariable et dans des conditions de régularité parfaite.

La commande du chariot a été perfectionnée elle-même de telle sorte que le mouvement d'étirage peut être modifié dans sa vitesse selon les différentes espèces de laine qu'il s'agit de filer et le degré de torsion que l'on veut obtenir. Enfin, M. Mercier ayant remarqué que les cannettes dont on se servait pour alimenter les métiers à filer en fin avaient l'inconvénient de faire perdre un temps considérable pour le garnissage des métiers et de diminuer le produit par suite des ruptures fréquentes résultant de leur mouvement irrégulier, il les a remplacées par des bobines qui ont l'avantage d'activer et d'augmenter notablement la production des machines à filer.

M. Mercier a exposé ensuite deux métiers à tisser. L'un, pour draps lisses et d'une exécution irréprochable, peut, en raison de la simplicité de ses mouvements et de sa solidité, lancer jusqu'à soixante-dix navettes par minute. L'autre, pour la draperie dite *nouveauté*, mérite à plus d'un titre de fixer l'attention. Il est muni de six boîtes pouvant recevoir jusqu'à cinq navettes fonctionnant suivant les exigences du dessin à reproduire et d'une manière complétement automatique. On peut, avec ce métier, fonctionnant d'après le système Jacquard, fabriquer tous les genres de nouveautés et dans des conditions d'exécution irréprochables. Ce métier, avec une bonne chaîne et frappant quarante coups de navette par minute, produit en moyenne dix mètres de drap par douze heures de travail.

Nous ne devons pas oublier de mentionner que c'est M. A. Mercier qui a, le premier, introduit en France la fabrication des métiers pour le tissage des draps. Leur usage, il faut le reconnaître d'ailleurs, n'existe encore aujourd'hui qu'à l'état d'exception dans la fabrique de Louviers, et on ne les emploie guère que pour le tissage des draps lisses. Mais M. A. Mercier n'a pas dit son dernier mot, et il ne dépendra pas de lui que ces utiles machines ne soient bientôt, grâce à de nouveaux perfectionnements, d'un usage habituel, non-seulement pour les tissus unis, mais aussi pour les nouveautés et les articles de fantaisie.

Indépendamment de ce magnifique ensemble d'appareils pour la filature et le tissage de la laine cardée, M. Mercier a exposé une intéressante collection de machines pour le peignage de la laine. On y remarque : un gill double dont le travail consiste à paralléliser les fila-

ments qui forment les rubans produits par les cardes ; —
une peigneuse circulaire, d'après le système Noble, au
moyen de laquelle, après avoir séparé d'un même boudin
les filaments longs des filaments courts, on produit deux
nouveaux rubans formés l'un des filaments de laine
longue, l'autre des brins de laine courte ; — une machine à faire les bobines nécessaires à l'alimentation de
la peigneuse ; — enfin, un gill simple servant à paralléliser les filaments des rubans de laine longue produits par
cette dernière.

L'exposition de M. Mercier renfermait en outre une
machine dite *feutreuse*, dont il est l'auteur, et qui est
destinée à produire dans des conditions industrielles et
économiques les fils de laine feutrée, inventés par
M. Vouillon, de Louviers. Nous aurons occasion bientôt
de revenir sur cette belle invention, qui doit élargir le
champ de notre industrie drapière en lui procurant les
moyens de fabriquer à bon marché des tissus tout nouveaux. Les avantages qu'il est permis d'en attendre ne
pouvaient échapper au génie essentiellement progressif de
M. A. Mercier ; et nous devons, dès à présent, lui rendre
cette justice que l'exhibition de sa machine feutreuse
n'aura pas peu contribué à faire apprécier le procédé
de M. Vouillon, en fournissant la preuve qu'il est pra-
tiquement applicable à la fabrication des tissus de laine.

En somme, l'ensemble des machines exposées par notre
habile constructeur se recommandait par de nombreux
perfectionnements ou des innovations utiles qui peuvent
se résumer ainsi :

Pour les cardes : une notable augmentation des surfaces
travailleuses ; — un réglage d'alimentation rationnel ; —
une disposition particulière du peigne détacheur appliqué

à la carde boudineuse, permettant de travailler tous les genres de laine ;

Au point de vue des métiers à filer : la substitution au chariot mené à la main d'un procédé d'étirage automatique dont la vitesse peut être modifiée selon la qualité de la laine et la finesse de fil que l'on veut obtenir ; — l'application d'un nouveau système aussi simple qu'ingénieux, au moyen duquel les broches acquièrent, au moment où le chariot arrive au bout de sa course, une vitesse plus grande qui diminue le temps d'arrêt qu'exige la torsion à donner aux fils de chaîne ; — la substitution, pour la production de ces fils, du métier continu au système ancien de filature par les mull-jenny ;

Sous le rapport des machines à tisser : la substitution des procédés de tissage mécanique au tissage à la main, tant pour les draps lisses que pour les nouveautés.

Ces améliorations ne sont pas seulement des titres qui attestent la supériorité des machines de M. Mercier sur leurs similaires de Belgique, d'Angleterre et d'Allemagne. Elles sont appelées à exercer une influence profonde sur la solution des problèmes économiques posés par la réforme de notre système douanier et par la situation nouvelle qu'a faite à notre industrie le traité de commerce avec l'Angleterre. Pour lutter avec succès contre la concurrence étrangère, il faut, avant tout, perfectionner notre outillage industriel, et le dernier mot du progrès en ce sens sera de l'établir dans des conditions de bon travail et de bon marché qui, non-seulement nous affranchissent de l'obligation d'être tributaires de l'ennemi, mais nous rendent les maîtres du marché de production.

C'est dans ce but que M. Mercier, élevant son industrie à la hauteur d'une mission nationale, s'est appliqué à mettre son établissement en mesure de pourvoir à toutes les nécessités de la lutte avec les produits étrangers, tout en améliorant le sort des ouvriers par l'augmentation des salaires et en abaissant de plus en plus, par la simplification des procédés de travail, le prix de revient des étoffes de laine, de manière à en rendre l'emploi plus général.

Il a fait construire de nouveaux et vastes ateliers réunissant l'ensemble des opérations multiples et complexes que comporte sa fabrication spéciale. Toutes ses machines-outils sont mises en mouvement par une machine à vapeur de soixante chevaux construite par M. Windsor, de Rouen. Il occupe, en moyenne, cinq à six cents ouvriers, et il est arrivé à fabriquer pour deux millions de machines, dont la moitié au moins est livrée à l'exportation.

Indépendamment de son établissement principal à Louviers, M. Mercier a fondé, dans la maison centrale de Gaillon, une fabrique de pièces détachées qui occupe cent cinquante jeunes détenus et réalise ainsi une idée essentiellement moralisatrice, en même temps qu'elle crée une véritable école d'ouvriers intelligents, laborieux et utiles.

Il a établi, enfin, à Authouillet une filature modèle de laine cardée qui, après avoir été incendiée l'année dernière, vient d'être reconstruite. Elle aura pour force motrice une machine de vingt-cinq chevaux et contiendra huit grands assortiments formant un ensemble de 7,000 broches.

Après cette énumération sommaire des titres qui assurent à M. A. Mercier une place au premier rang dans la mécanique industrielle, on ne saurait s'étonner des distinctions honorifiques dont il a été l'objet. En 1851, lors de l'Exposition universelle de Londres, il obtenait la médaille du *Conseil*. En 1855, à Paris, une grande médaille d'honneur lui était décernée, et l'Empereur le nommait chevalier de la Légion d'honneur en récompense de nombreux services rendus à l'industrie. Cette année, le jury international lui a accordé la médaille, seul prix offert par la Commission royale, pour l'ensemble de toutes les machines qu'il a exposées.

MM. Calvet-Rogniat et Fresné, de Louviers : cardes

Parmi les industries accessoires qui se rattachent à la mécanique industrielle, une des plus intéressantes, sans contredit, est la fabrication des garnitures de cardes. Notre département était, pour cette classe de produits, représenté à l'Exposition de Londres par MM. Calvet-Rogniat et C. Fresné, appartenant tous deux à la ville de Louviers.

L'établissement dirigé par M. Calvet-Rogniat dispose d'un outillage des plus complets et des plus perfectionnés qui existent en ce genre, et la supériorité de ses produits est égale à l'ancienneté de sa réputation. Sa fondation remonte à 1750 environ. Vers 1780, il occupait déjà plus de mille ouvriers, et leur nombre s'augmentant sans cesse, en raison de la multiplicité des demandes, il devint nécessaire d'ouvrir à Gaillon, Évreux, Vernon, Écouis, etc., des ateliers supplémentaires qui fonctionnèrent jusque vers 1830 ou 1831, alors que l'établissement était dirigé par M. Bourgeois, et époque à laquelle s'opéra une transformation complète dans l'industrie des garnitures de cardes.

Jusqu'alors le boutage des cardes s'était fait à la main. Il exigeait beaucoup de temps et coûtait fort cher. On avait bien inventé de petites machines qui coupaient les dents ou perçaient les trous; mais toutes les autres opérations étaient faites à la main. Un mécanicien français eut le premier l'idée de faire une machine pouvant à elle seule percer le cuir, dévider le fil de fer, couper les dents de la longueur voulue, les placer dans les trous et faire les crochets nécessaires. Après n'avoir trouvé d'abord que des incrédules, il fut accueilli par Mme Bourgeois, femme d'une intelligence rare qui, s'occupant elle-même avec ardeur de la fabrication des garnitures de cardes, comprit tout l'avenir de la machine dont on lui apportait le plan et ne recula devant aucun sacrifice pour la réaliser. Après quelques tâtonnements inévitables et aidé de l'expérience pratique de M. Bourgeois, le mécanicien réussit enfin à faire une machine par laquelle se trouvait résolu le problème du boutage automatique des cardes.

Quelques années après, vingt machines pareilles fonctionnaient dans l'établissement principal. Mais, leur nombre devenant insuffisant à mesure que leurs produits étaient plus recherchés, il fallut l'élever successivement, et aujourd'hui M. Calvet-Rogniat, petit-fils et successeur de M. Bourgeois, occupe cent quarante machines, dont la majeure partie est construite en France et le reste en Angleterre. Les premières travaillent aussi bien, sinon mieux que les dernières, et le seul avantage que présentent les machines dites anglaises est qu'on peut leur donner plus de vitesse.

L'invention des machines à bouter les cardes a été le point de départ d'une véritable révolution dans cette industrie. Leur usage, en réduisant la main-d'œuvre dans

des proportions considérables, a amené une baisse énorme
des produits. Ce qui, avec l'ancien système, valait dix
francs n'en coûte plus aujourd'hui que trois.

Avec ces machines on fait sur cuir, sur tissu ou caoutchouc toutes sortes de cardes pour toutes les matières
textiles. M. Calvet-Rogniat a exposé des rubans de cardes
sur cuir et tissu pour laine et coton, des plaques et bagues
aussi pour laine et coton. Les caractères de fabrication
supérieure qui distinguent ces divers produits prouvent
que cet habile industriel continue dignement les traditions
d'intelligence, de loyauté et de fabrication sérieuse que lui
ont léguées ses devanciers, et ont valu à la maison qu'il
dirige les plus honorables distinctions.

La fabrique que M. Bourgeois a élevée si haut dans l'histoire de notre industrie départementale obtenait dès 1786
un encouragement de 3,000 fr., que lui décernait le
gouvernement. La première exposition de l'industrie qui
eut lieu à Paris en 1806 lui valut une médaille d'argent.
Elle a été honorée ensuite d'une médaille d'or en 1823,
d'un rappel de cette médaille en 1834, de deux premiers
prix avec deux nouveaux rappels de médaille d'or en 1839
et 1849. A la suite de cette dernière exposition, M. Bourgeois recevait la croix de chevalier de la Légion d'honneur. Enfin, à l'exposition universelle de 1855, le mérite
exceptionnel des produits de cette maison était de
nouveau attesté par un quatrième rappel de médaille
d'or.

Une circonstance qu'il est de notre devoir de signaler
a pu les priver, à l'Exposition de Londres, d'une distinction à laquelle tant de droits leur étaient acquis. Par une
anomalie étrange, que nous ne nous chargeons pas d'expliquer, les garnitures de cardes ont été placées au milieu

des produits de l'agriculture, et la difficulté que nous avons éprouvée à les trouver explique comment elles ont pu échapper à l'attention du jury. Il y a eu là, en tout cas, un singulier oubli de toute logique de la part des personnes chargées de procéder au classement des produits.

Ce que nous disons pour les cardes de M. Calvet-Rogniat s'applique également à celles de M. C. Fresné, dont la fabrique, bien que de date récente, a su déjà conquérir une place honorable dans cette industrie. Il a exposé des plaques et rubans de cardes d'une fabrication très-soignée.

L'établissement que dirige M. Fresné emploie environ une trentaine de machines, la plupart de fabrique anglaise. La bonne qualité de ses produits lui a valu une médaille de seconde classe et un rappel de cette médaille avec une mention spéciale à l'exposition universelle de 1855.

Les garnitures de cardes exposées par MM. Calvet-Rogniat et C. Fresné nous fournissent l'occasion, que nous saisissons avec empressement, de parler d'un produit particulier à la fabrique d'Évreux. Nous avons dit que les dents de cardes étaient boutées sur cuir, sur tissu ou sur caoutchouc. Les cuirs dont se servent les fabricants de cardes de Louviers proviennent des tanneries de Normandie ; mais les meilleurs sont fournis par la corroirie d'Évreux, et notamment par la maison de M. Davy fils. Les cuirs de vaches qu'il fabrique spécialement dans ce but sont d'une homogénéité qu'on ne trouve nulle part à un degré aussi parfait ; ils joignent, en outre, toute la souplesse et l'élasticité désirables à une grande ténacité, et ces qualités les rendent tout particulièrement propres à la confection des garnitures de cardes.

M. le comte D'ÉPRÉMESNIL, à Fontaine-la-Soret : appareils
de transmission de force motrice

M. le comte d'Éprémesnil, membre du conseil général
de l'Eure et un de nos agronomes les plus distingués, a
exposé à Kensington le dessin d'un appareil de transmission de force motrice à distance qui fonctionne dans son
exploitation agricole de Fontaine-la-Soret.

Ce système, qui consiste dans l'emploi de câbles d'acier
enroulés autour de poulies d'un fort diamètre et marchant
à grande vitesse, n'est pas nouveau d'ailleurs. Il a été
inventé, il y a une dizaine d'années, par un ingénieur
alsacien, M. Hirn, et a déjà reçu plusieurs applications
dans le département, entre autres chez M. Vittecoq, farinier à Beaumont-le-Roger. Il a été essayé à Fontaine-la-
Soret par M. Grandvoinnet, professeur à Grignon pour le
service de la machinerie agricole, et son installation présente cela de particulier que la distance qui séparait la
force motrice de l'outillage de la ferme était de 1,500
mètres, intervalle que l'on ne croyait pas possible de faire
franchir à la transmission. La perte de travail n'a été que
de 7 pour 100, et cette circonstance très-remarquable
ajoute encore à l'intérêt de l'expérience tentée par M. le
comte d'Éprémesnil.

Cet agronome a donc rendu un véritable service en dé-
montrant tout le parti qu'en peut tirer, dans l'intérêt de
l'agriculture, de forces motrices hydrauliques ou de vapeur, aujourd'hui à peu près perdues, et la possibilité de
les employer à de très-grandes distances, dans des conditions d'économie qui achèvent de les recommander à
l'attention des hommes spéciaux. La dépense pour l'instal-

lation d'un appareil de transmission de force motrice est en moyenne de quatre francs par mètre ; quant aux frais d'entretien, ils sont presque insignifiants.

CLASSE XVII. — *Instruments et appareils de chirurgie, d'hygiène et de médecine*

—

M. le docteur Auzoux, de Saint-Aubin-d'Écrosville : préparations d'anatomie clastique

L'*anatomie clastique*, dont M. le docteur Auzoux est l'inventeur, est une méthode d'enseignement qui tient de l'industrie par ses procédés de fabrication, de la science par ses applications usuelles. Le nom de *clastique* est derivé du mot grec κλάω, qui veut dire rompre, briser. Il sert à définir un ensemble de modèles d'anatomie humaine ou comparée, ayant pour caractère distinctif d'être divisés en parties mobiles, pouvant se monter et se démonter à volonté, de manière à permettre l'étude soit générale, soit particulière des corps organisés et de leurs détails. Elle a pour double but de suppléer les pièces de dissection livrées aux élèves dans les amphithéâtres de médecine et de créer un précieux moyen d'enseignement pour la science anatomique.

L'étude sur le cadavre, base essentielle de toute connaissance organique, n'est pas toujours possible. Elle oblige à des déplacements onéreux et entraîne des dépenses considérables. Aussi, a-t-on depuis longtemps cherché le moyen de remédier à ces inconvénients par l'emploi de

procédés artificiels pouvant, pour les démonstrations scientifiques, remplacer le travail de la dissection. C'est ainsi
qu'on a eu recours aux préparations en cire, genre d'industrie dans lequel ont excellé les artistes italiens, qui
ont eu longtemps le monopole de cette fabrication. Mais
elles avaient le défaut de s'altérer assez facilement et de
coûter fort cher. Aussi n'étaient-elles guère employées
que pour les pièces destinées aux musées. Aujourd'hui
même, leur usage est à peu près exclusivement réservé
pour la reproduction de certaines figures historiques,
objet de spéculations théâtrales.

Il était réservé à l'industrie de doter la science d'un
des plus précieux éléments de l'étude anatomique, et
c'est à un de nos compatriotes, M. le docteur Auzoux, que
revient l'honneur d'avoir résolu ce problème en inventant
l'anatomie clastique. L'idée première de ce système remonte à 1819, époque à laquelle M. Auzoux, se préparant
au doctorat, avait compris l'insuffisance des ressources de
la dissection dans les amphithéâtres et conçu la pensée
d'y suppléer par des pièces d'anatomie artificielle.

Son premier soin fut de trouver, pour remplacer la cire
ou les autres préparations connues, une pâte susceptible
de se mouler, de prendre les empreintes les plus délicates
et de se conserver sans subir l'influence des altérations chimiques ou atmosphériques. Après de longues recherches
et des essais persévérants, M. Auzoux a enfin trouvé une
composition qui remplit toutes les conditions désirées.
C'est une pâte ayant pour base le liège réduit en poudre.
Parfaitement plastique à l'état frais, elle se prête à toutes
les opérations du moulage; elle acquiert, en séchant, une
légèreté remarquable et une élasticité particulière en
même temps qu'une rigidité égale à celle du bois le plus

dur ; enfin les pièces qu'elle sert à fabriquer sont parfaitement aptes au coloriage, qui achève de les rendre propres
à leur destination. Quelques-uns des modèles fabriqués
par M. le docteur Auzoux ont résisté à un séjour de plus
de trente ans à Cayenne, à Cuba, à Calcutta sans avoir
subi la moindre altération du fait des insectes qui sont
dans ces pays une cause si active de destruction ou
de l'influence du climat, peut-être plus redoutable encore.

En résumé, l'anatomie clastique se distingue de tout ce
qui a été fait pour suppléer aux préparations naturelles :
par la nature de sa composition , qui n'a rien de commun
avec le carton-pâte , la cire ou toute autre composition
employée dans le même but ; par son extrême solidité ,
qui rend les pièces les plus délicates capables de résister
aux chocs les plus violents; par la possibilité de multiplier les exemplaires à l'infini et de montrer, sur un
même modèle, tous les détails, même les plus minu-
tieux, d'enlever successivement, une à une, toutes les
parties qui composent l'organisme d'un animal quelconque
comme le ferait par la dissection le préparateur le plus
habile.

Ces préparations étaient d'abord presque rudimentaires
sous le rapport de la représentation anatomique, et nécessairement très-imparfaites au point de vue de l'exécution.
Mais, tenues constamment au courant de la science, elles
se sont perfectionnées à mesure que leur nombre s'augmentait, et aujourd'hui le catalogue de modèles clastiques,
qui n'était que de cinquante-trois à l'exposition de 1855,
en compte quatre-vingts dont la plupart ont figuré au
palais de Kensington.

Pour faire apprécier l'ensemble de la fabrication
spéciale à laquelle il doit sa juste et universelle célébrité,

M. Auzoux a exposé une série de pièces embrassant toute l'échelle de l'anatomie comparée et s'étendant même jusqu'au règne végétal. L'homme tient là le rang qu'il occupe dans la création. Le modèle le plus remarquable est celui de l'homme adulte, d'un mètre quatre-vingts centimètres de hauteur. On y voit reproduits dans leurs infinis détails les organes les plus profonds comme les plus superficiels ; le système nerveux jusque dans ses filaments les plus déliés ; l'appareil musculaire avec toutes ses divisions ; le réseau veineux et artériel, et tout le système osseux. Ce modèle se décompose de manière à permettre d'étudier séparément les principaux organes, comme le cerveau, le cœur, l'appareil gastro-intestinal, ou certaines portions particulières du corps humain, ainsi l'œil, l'oreille, la bouche, les fosses nasales, le pharynx, les muqueuses, etc.

L'*homme clastique* de M. Auzoux, perfectionné par de longues études, est un véritable chef-d'œuvre d'exactitude anatomique et d'expression naturelle. Sous le rapport de la netteté des détails, de l'agencement des organes, de la vérité de la couleur, il a tout l'intérêt, nous allions dire presque toute la valeur, d'une pièce de dissection.

Dans l'ordre animal, la collection exposée par M. le docteur Auzoux renfermait aussi un très-remarquable modèle complet de cheval emprunté au type arabe le plus parfait. Cette pièce, traitée avec un soin tout particulier, réalise, aussi bien dans la reproduction des formes que dans la disposition des différents organes, un ensemble irréprochable au point de vue de la vérité anatomique. Aussi le *cheval clastique* a-t-il été reconnu comme éminemment propre à vulgariser la connaissance trop peu répandue de l'organisation et de la structure du cheval. Il est aujourd'hui adopté pour l'enseignement de l'anatomie chevaline dans les écoles régimentaires de cavalerie et de remonte et dans toutes les écoles vétérinaires, et il a rendu des services qui justifient complétement l'honorable distinction dont il a été l'objet.

L'anatomie clastique s'étend, comme nous l'avons dit, à toute l'échelle animale. A côté de l'homme et du cheval, M. Auzoux a exposé une intéressante collection d'êtres d'un ordre inférieur pour la taille, mais dont l'organisation plus délicate, et moins facilement accessible à la décomposition anatomique, lui a servi à faire mieux ressortir tout le parti que l'on peut tirer de l'anatomie clastique. Pour faciliter l'étude des insectes, par exemple, M. Auzoux a donné à ses modèles un grossissement cent et même deux cents fois supérieur au volume naturel de l'individu représenté. C'est ce que l'on observe pour le hanneton, l'abeille, le ver à soie, la sangsue, et d'autres encore, dont les modèles ont figuré dans l'exposition de notre savant compatriote.

Ces diverses préparations, même celles qui représentent l'être le plus infime, se décomposent par coupes, soit longitudinales, soit transversales, calculées de manière à ce qu'il soit possible de les étudier, au point de vue non-seulement de leur organisme, mais aussi de leurs fonctions vitales.

M. le docteur Auzoux a exposé, en dehors de ces préparations que l'on peut appeler individuelles, des spécimens de collections d'organes empruntés à l'anatomie comparée, pour servir à l'étude des grands phénomènes physiologiques : la digestion, la circulation, l'innervation et la respiration. Enfin, son exposition renfermait plusieurs modèles clastiques empruntés au règne végétal. Nous avons remarqué principalement un grain de blé grossi de trente fois son volume, avec ses enveloppes, sa pulpe farineuse et tous

les organes qui président à la germination ; un pois de
senteur d'un diamètre décuple, dont on peut démonter les
feuilles, les pétales, les étamines et les pistils ; un fuchsia
dont la fleur se décompose jusque dans les détails d'organisation les plus intimes ; enfin un fragment de tige ligneuse
de chêne commun, sur lequel on voit la moelle centrale,
les vaisseaux spiraux ou trachées, l'étui médullaire, les
vaisseaux annulaires, l'aubier et tous les organes qui constituent l'écorce.

Les préparations artificielles exposées par M. Auzoux
sont, sous le rapport de la composition matérielle, de
la solidité, de la possibilité de les reproduire à l'infini,
de la conservation, supérieures à toutes celles qui ont
été inventées dans le même but. Au point de vue de la
science, elles sont des auxiliaires utiles des dissections
anatomiques et, là où celles-ci ne sont pas possibles à
cause du climat ou de certaines répugnances morales,
elles peuvent les suppléer complétement. Enfin, l'expérience, et au besoin le succès, ont démontré que ces préparations offrent des ressources extrêmement précieuses
pour les démonstrations publiques et l'enseignement élémentaire de l'anatomie.

Elles ont, en outre, un titre particulier à notre intérêt,
c'est qu'elles constituent une industrie toute spéciale à
notre département. En effet, c'est à Saint-Aubin-d'Écrosville, son village natal, que M. le docteur Auzoux a établi
le siége de sa fabrication de modèles clastiques. Son établissement n'est pas seulement signalé par l'excellence
toute spéciale de ses produits, il est encore et surtout
remarquable par les résultats économiques au point de
vue du bien-être de la population et de l'influence salu-
taire qu'exercent sur les ouvriers qu'il emploie la con-

6

templation et l'étude de la nature dont ils s'appliquent à reproduire les formes.

C'est de 1834 que date la construction de la fabrique actuelle de Saint-Aubin. Elle occupe de soixante à quatre-vingts ouvriers, tous enfants du pays, qui, sous la direction paternelle de M. Auzoux, forment une véritable famille basée sur les plus purs sentiments de la fraternité pratique. Grâce aux habitudes d'ordre et d'économie dont le savant docteur leur donne l'exemple, la plupart sont aujourd'hui propriétaires de petits domaines qu'ils font valoir, et la commune de Saint-Aubin, autrefois très-pauvre, est aujourd'hui une des plus florissantes de France. C'est là le plus bel éloge que l'on puisse faire de l'anatomie clastique.

Il ne faut pas nous étonner si elle a valu à son auteur des distinctions aussi nombreuses que méritées. Elle a été, à diverses reprises, l'objet d'encouragements votés par le conseil général de l'Eure. M. le docteur Auzoux a obtenu : en 1824, un prix spécial du gouvernement; en 1833, la croix de chevalier de la Légion d'honneur; la médaille d'or de 1re classe de la Société d'encouragement; des médailles d'or aux expositions nationales de 1834, 1839, 1844 et 1849; une médaille de prix à l'exposition universelle de Londres, en 1851; la grande médaille à l'exposition universelle de Paris en 1855, et la croix d'officier de la Légion d'honneur en 1862.

L'anatomie clastique a été honorée de la médaille à l'Exposition universelle de 1862.

CLASSE XVIII. — *Fils et tissus de coton*

—

Dans notre visite à l'Exposition de Londres, nous avons regretté de ne pas y voir figurer avec toute l'importance dont elle est susceptible l'industrie cotonnière de notre département. L'abstention de la plupart de nos filateurs ne saurait s'expliquer par l'insuffisance de l'emplacement qu'il était possible de mettre à leur disposition. Leurs produits sont de ceux, en effet, dont le classement n'exige qu'un espace relativement très-restreint. La notoriété dont ils jouissent était d'ailleurs une garantie de leur admission, dût-elle être une faveur tout exceptionnelle.

Nous ne pouvons admettre non plus que ces industriels aient reculé devant les sacrifices que devait leur imposer l'honneur de représenter le département, ou devant la crainte de ne pouvoir lutter avantageusement contre les produits similaires de l'étranger. Faut-il admettre que, suivant l'exemple de la métropole rouennaise, ils ont voulu, en s'abstenant, protester en faveur de certaines idées économiques froissées par les traités de commerce qui ont inauguré en France l'ère de l'émancipation industrielle et commerciale ? Nous ne pouvons que signaler cette explication sans en préjuger l'exactitude, et surtout sans examiner jusqu'à quel point elle est fondée.

Quel que soit le motif de cette abstention, et après avoir exprimé le regret que nous en avons ressenti, nous sommes heureux de pouvoir dire que notre industrie cotonnière n'a pas fait complétement défaut; que, si elle ne brillait pas par le nombre des exposants, elle a du moins, sous le rapport de la qualité des produits, occupé une place honorable au palais de Kensington. Elle y a été représentée par MM. Duret, de Brionne ; Peynaud, de Romilly-sur-Andelle ; Fauquet-Lemaître et Prévost, de Pont-Audemer ; et citer ces noms, c'est prouver une fois de plus la vérité du proverbe qui dit que « les absents ont tort ».

M. Duret, à Brionne : cotons d'Algérie, de la Guyane française et d'Amérique ; fils et tissus écrus et teints

L'exposition de M. Duret n'était pas intéressante seulement au point de vue du cachet de bonne fabrication qui distingue les produits de cet industriel. Elle se rattachait, en outre, à une question économique de la plus haute importance, et à ce titre, elle se recommandait tout particulièrement à l'attention des hommes spéciaux.

La guerre qui désole l'Amérique et réagit si malheureusement sur le marché cotonnier a provoqué en Europe une crise dont il est difficile de prévoir l'issue. Mais elle aura eu du moins cela de bon qu'elle aura fait comprendre la nécessité, pour l'industrie cotonnière, de changer les habitudes commerciales qui la rendent tributaire des États-Unis et de trouver des sources nouvelles où elle pourra puiser la matière première qui lui fait défaut aujourd'hui.

L'Angleterre se met en mesure de tirer une grande partie de son coton de ses domaines de l'Inde et de l'Australie. La France, dans le même but, essaie d'acclimater le précieux végétal dans les plaines encore improductives de sa colonie algérienne. Des sociétés se forment pour des essais de culture en grand. Mais la première question à résoudre était

de préciser nettement la qualité de cette matière première, de bien établir les applications pratiques qu'on en
peut faire, afin de déterminer les limites dans lesquelles il
convient d'encourager cette nouvelle production coloniale
et les chances de succès sur lesquelles peuvent compter
les capitaux engagés dans ces spéculations.

M. Duret a entrepris cette démonstration pour les cotons
récoltés soit en Algérie, soit dans la Guyane, et les résultats
de ses essais ont figuré à l'Exposition de Londres parmi
les produits des colonies françaises.

Sur la demande qui lui en a été faite par M. Teston, di-
recteur du musée algérien au palais de l'Industrie, M. Duret
a filé des cotons genre louisiane récoltés en Algérie. Il a
obtenu, en chaînes continues ou mull-jenny et dans tous les
numéros de la fabrication courante, des fils d'une excellente qualité, ainsi que l'attestent les spécimens envoyés
par cet habile industriel. Mais il ne s'en est pas tenu là. Il a
voulu soumettre ces cotons à la double et décisive épreuve
de la teinture et du tissage, afin de permettre l'appréciation
complète des avantages qu'on en peut espérer. Ces expériences n'ont pas moins bien réussi. Il a été démontré, en
effet, que le coton d'Algérie prend aussi bien, sinon mieux,
la teinture et surtout le grand teint que ses similaires
d'Amérique. Ainsi, on a mis dans un même bain de rouge
d'Andrinople du coton d'Alger et du coton pur louisiane.
Le premier a pris une nuance beaucoup plus belle que
le second, et, pour ne laisser aucun doute à cet égard,
M. Duret a exposé, à côté l'un de l'autre, les deux
échantillons de fil teint, que tout le monde a pu ainsi
comparer.

Au tissage, les cotons d'Algérie ont donné des étoffes
qui, soit en écru, soit blanchies, ne le cèdent en rien aux

meilleurs tissus faits avec le vrai louisiane et lui sont même
supérieurs sous le rapport de la solidité.

Nous avons remarqué dans l'exposition de M. Duret des
échantillons de fils et de tissus obtenus avec une variété
de coton nankin que l'on récolte aussi en Algérie. Ce
coton est très-court, mais la soie en est fine et forte. On
s'en sert pour la confection d'étoffes très-résistantes et
dont la couleur ne change jamais.

Le filateur de Brionne a fait, en outre, des essais du
même genre avec 200 kilog. de coton provenant de la
Guyane française, qui lui ont été confiés dans ce but par
le ministère de la marine. Les produits qu'il a obtenus
figuraient dans l'ensemble de notre exposition coloniale.
Le coton de la Guyane est de bonne qualité ; la soie en
est longue, mais un peu dure. Toutefois, il se file bien
dans les numéros ordinaires, et les tissus qu'il sert à
fabriquer semblent appelés à rendre d'utiles et sérieux
services.

M. Duret avait, enfin, à l'Exposition de Londres une
troisième vitrine où il a réuni tous les spécimens de sa
fabrication courante. On y trouvait un assortiment complet de filés de cotons de Louisiane, espèce qu'il traite
tout particulièrement en continu et en mull-jenny; depuis
le n° 16 jusqu'au n° 40. Mais, ce qui a donné à cette
collection un intérêt exceptionnel, c'est le soin qu'a pris
M. Duret d'y réunir, pour qu'on pût les comparer ensemble, les produits obtenus avec les trois espèces de coton
qu'il a expérimentées. On y trouvait groupés, dans des
conditions qui en rendaient l'examen aussi facile qu'in-
structif, les fils écrus ou teints obtenus, soit avec le coton
d'Algérie, soit avec le louisiane d'Amérique ; enfin, les
fils de coton écrus de la Guyane française. Cette exhibi-

tion était complétée par un assortiment de tissus similaires obtenus avec les trois espèces de coton, dont on
pouvait ainsi apprécier les mérites comparatifs au point
de vue des opérations diverses que comporte l'industrie
cotonnière.

Cette exposition offrait, nous le répétons, un intérêt
tout spécial en ce qu'elle a fourni, sous une forme simple
et saisissante, un des plus précieux éléments de solution
pratique pour le problème de la substitution du coton
soit de l'Algérie, soit de nos autres colonies, aux produits
pour lesquels nous sommes aujourd'hui tributaires de
l'Amérique. A ce titre, ces fils et ces tissus avaient, indépendamment de leurs sérieuses qualités sous le rapport
de la fabrication, une signification et une importance qui
devaient leur mériter de la part du jury une attention
toute particulière. Il n'en a pas été ainsi et, pour des
motifs que nous n'avons pas à juger, les appréciateurs
désignés par la Commission royale n'ont pas cru devoir
décerner au filateur de Brionne une distinction à laquelle
il nous a paru avoir des droits incontestables.

L'établissement que dirige M. Duret a été fondé en
1803 par M. le général le Marrois, aide de camp de l'empereur Napoléon Iᵉʳ, et affecté d'abord à une filature de
coton. Quelques années plus tard, il a été transformé en
manufacture de draps pour revenir ensuite à sa destination première. En 1847, époque à laquelle M. Duret en
devint propriétaire, la filature possédait environ 12,000
broches produisant, en moyenne, 7,000 kilog. de coton filé
par quinzaine. Elle occupait deux cent cinquante ouvriers
et disposait d'une force motrice de soixante-dix chevaux
fournie par trois roues hydrauliques. Sous l'influence
d'une direction intelligente et progressive, cet établisse-

ment s'est développé dans des proportions considérables. Il compte aujourd'hui 32,000 broches qui produisent annuellement 650,000 kilog. de coton filé, représentant dans les conditions actuelles une valeur de trois millions et demi. La moitié des broches est en métiers continus ; un quart en métiers *self-acting* (métiers automatiques agissant seuls); l'autre quart en mull-jenny à la main. Le nombre des ouvriers est de quatre cent cinquante, et les machines sont mises en mouvement par trois turbines hydrauliques perfectionnées pouvant donner une force effective de deux cent vingt chevaux. M. Duret a fait construire, en outre, une machine à vapeur pouvant transmettre une force de cent chevaux pour compléter la force motrice nécessaire au service de la filature en cas de manque d'eau.

L'établissement de M. Duret travaille tout spécialement le coton louisiane. Les numéros des filés qu'il produit varient depuis le numéro 4,000 mètres jusqu'au numéro 40,000 mètres au demi-kilog. Ces fils sont très-recherchés pour le grand teint, auquel ils sont particulièrement destinés.

M. Duret a obtenu une médaille de seconde classe à l'exposition universelle de 1855 et la médaille d'or à l'exposition régionale de Rouen en 1859.

———

M. A. Peynaud, à Romilly-sur-Andelle : cotons filés et calicots

La vallée d'Andelle, le centre le plus actif de notre industrie cotonnière, était représentée à l'Exposition de Londres par M. A. Peynaud, qui dirige à Romilly-sur-Andelle une fabrique établie dans des conditions remarquables sous le rapport de la disposition des bâtiments et de l'outillage.

Construit en 1855, d'après le plan de M. A. Peynaud lui-même, cet établissement est le seul en Normandie qui soit entièrement bâti à rez-de-chaussée avec voûtes de briques. Il contient 10,000 broches de filature et 220 métiers à tisser, qui sont mis en mouvement par deux machines à vapeur d'une force totale de quatre-vingts chevaux. Il emploie trois cents ouvriers et produit annuellement 258,000 kilog. de filés n° 25/30, et 2,800,000 mètres de calicot, dont une moitié est vendue à Rouen pour l'impression et dont l'autre moitié est exportée en Algérie.

M. A. Peynaud a envoyé à l'Exposition de Londres des spécimens de tous les produits de sa fabrication courante, et, par les solides qualités qui les distinguent, ces articles justifient la réputation hors ligne dont ils jouissent sur les marchés de Rouen et d'Alger. Nous avons remarqué, entre autres, une série complète de cotons en apprêts de filature, composée de bobines chaîne n° 25/26 et des cannettes trame n° 29/30 ; une coupe en calicot pour impression, dit compte 30, d'une exécution parfaite, et une coupe du genre calicot destiné à l'exportation pour l'Algérie.

M. Peynaud n'est pas seulement un de nos industriels les plus distingués par le soin qu'il apporte à sa fabrication, par l'intelligence dont il fait preuve; il se recommande aussi par les nombreux et utiles perfectionnements qu'il a apportés au matériel des filatures. Les plus importantes des améliorations qu'on lui doit sont:

Dans les cardes, un système breveté d'appareil pour le gros produisant 65 kilog. de coton par jour, avec une économie considérable de déchet sur les cardes ordinaires ;

Dans les métiers renvideurs ou *self-acting*, de notables perfectionnements dont il a cédé le brevet à M. Trouroulde, constructeur à Rouen, et qui lui ont valu une médaille d'or à l'exposition régionale de Rouen en 1859. Ces métiers sont aujourd'hui employés presque généralement dans toute la Normandie. Ils produisent, en moyenne, 1 kilog. 10 de fil n° 25/30 par broche et par série de douze jours.

M. Peynaud a obtenu, en 1849, une médaille d'argent à l'exposition de Paris, et une médaille d'argent à l'exposition universelle de 1855. Comme consécration de ces flatteuses récompenses, le jury de l'Exposition de Londres lui a décerné la médaille de prix.

MM. FAUQUET-LEMAITRE et PRÉVOST, à Pont-Audemer : fils de coton, fils de lin

L'exposition de MM. Fauquet-Lemaître et Prévost était intéressante à un double point de vue : elle contenait en même temps des fils de coton et des fils de lin.

Les premiers sont le produit de l'établissement que ces industriels exploitent à Saint-Maclou, dans le canton de Beuzeville. Cette filature, dite *la Fosse*, date de 1830. Elle a été brûlée en 1852 et réédifiée la même année. Son outillage, très-perfectionné, consiste en métiers mull-jenny renvideurs, comptant 14,700 broches qui produisent, en moyenne, onze à douze cents kilog. de fil de coton par jour.

Les échantillons qui figuraient à l'Exposition universelle

de Londres révèlent d'excellentes qualités de fabrication et ont été honorés de la médaille de prix.

Les fils de lin qu'ont exposés MM. Fauquet-Lemaître et Prévost proviennent de leur établissement dit des *Baquets*, situé près de Pont-Audemer, en partie sur la commune de Manneville-sur-Risle. Cette filature réalise, sous le rapport de l'outillage, les éléments les plus perfectionnés dont dispose ce genre de fabrication. Sa construction date de 1840; mais elle a été considérablement agrandie en 1847 par suite des développements qu'a pris cette industrie, développements qui coïncident avec l'extension de la culture du lin dans l'arrondissement de Pont-Audemer.

La filature des Baquets possède aujourd'hui 5,876 broches en mouillé et 1,776 broches à sec. Elle travaille par jour 3,500 kilog. de lin et d'étoupes, produisant quatre-vingt-quinze à cent paquets de fil, dits *paquets anglais*, de 300,000 mètres de longueur. Ces produits sont très-estimés, et cette faveur s'explique par le caractère de fabrication soignée qui les distingue. C'est ce dont nous avons cru nous convaincre en appréciant l'excellente exécution des filés qui, exposés par MM. Fauquet-Lemaître et Prévost, leur ont valu une mention honorable.

CLASSE XIX. — *Tissus de lin et de chanvre purs ou mélangés*

—

La fabrique de coutils d'Évreux; M. A. LEVEAU : coutils
de coton, de fil et coton

De toutes les industries du département, la fabrique de
coutils d'Évreux était celle peut-être qui avait le plus
besoin de s'affirmer, si l'on peut dire ainsi, en prenant
part au grand concours international de Londres.

Pour des causes que nous n'avons pas à rechercher en
ce moment, elle est aujourd'hui déchue de son ancienne
splendeur. Pendant que tout marchait autour d'eux, nos
fabricants sont restés stationnaires, comme endormis dans
leur glorieux passé. Oubliant que, s'ils ont le droit d'être
fiers de leur ancienne prospérité, ce souvenir est une noblesse qui oblige, il n'ont pas assez songé à perfectionner
leur outillage, à multiplier les ressources de leur production, à s'ouvrir de nouveaux débouchés. Pendant que des
fabriques rivales s'ingéniaient à produire plus et à meilleur marché, ils ont eu le tort de croire qu'il suffisait, pour
maintenir leur vieille supériorité, de rester fidèles aux traditions de loyauté et de bonne fabrication que leur a
léguées le passé et de conserver le monopole des articles
de luxe ou de fantaisie.

Peu à peu, le marché des sortes courantes leur a
échappé. Ils se sont trouvés réduits à se faire une spécialité collective de la fabrication des coutils pour corsets.
Enfin, à mesure que le cercle de leurs opérations allait se
rétrécissant, la fabrique d'Évreux a présenté le phéno-
mène anormal d'un allanguissement continuel au milieu

de l'essor imprimé à l'industrie du coutil par l'extension incessante des besoins de la consommation.

C'est là un fait très-regrettable; mais il n'est pas de nature, comme le prétendent certains pessimistes, à faire désespérer de l'avenir d'une fabrique si florissante il y a vingt-cinq ans. Loin qu'elle soit menacée d'une ruine certaine, on signale, à côté des causes de défaillance qui l'amoindrissent, un symptôme qui doit rassurer sur le sort de cette intéressante industrie. Elle a conservé, grâce à l'habileté traditionnelle de ses ouvriers, au cachet de distinction dont sont marqués ses articles de luxe, un caractère d'excellence qui lui assure encore aujourd'hui un avantage incontestable sur les industries similaires de France ou de l'étranger. Ses produits sont à un tel point recherchés que, pour les défendre contre les entreprises d'une concurrence déloyale, la plupart de nos coutiers ont dû adopter une marque distinctive de fabrique destinée à garantir la sincérité de leur fabrication et l'authenticité de leur provenance.

Mais ce renom dont elle jouit encore ne saurait protéger indéfiniment la fabrique d'Évreux. C'est un héritage d'honneur que lui a légué le passé et dont elle doit se montrer digne en sortant à tout prix de l'ornière de la routine pour marcher résolûment dans la voie du progrès. Il ne lui suffit pas d'élever la barrière d'un liseré rose contre les pirateries de la concurrence; il faut qu'elle s'anime d'un esprit d'initiative à la hauteur des exigences de la consommation. Il faut que, à force d'activité et de généreuse émulation, elle remonte sur l'échelle de la prospérité commerciale tous les degrés que lui a fait descendre un apathique attachement à ses anciennes habitudes industrielles.

La fabrique de coutils d'Évreux devait donc, plus que

toute autre industrie, tenir à honneur de figurer à l'Exposition de Londres. Elle y trouvait une occasion de prouver que, même dans les conditions restreintes où elle est réduite, elle possède de solides éléments de vitalité, qu'elle est toujours sans rivale pour la confection des coutils fins, et que, sous ce rapport, elle n'a rien à envier même aux meilleurs produits de la Belgique.

Au lieu de descendre bravement dans l'arène industrielle, elle est restée sous sa tente et, au point de vue où nous nous plaçons, cette abstention est une faute, quelque prétexte qu'on invoque pour la justifier. Le moment était mal choisi pour compter avec les sacrifices qu'imposait une participation nécessaire au grand concours international de Londres, alors même qu'ils eussent dû aboutir à un insuccès. Mais le passé de notre fabrique de coutils était d'avance un démenti donné à une telle supposition, et les distinctions dont elle a été l'objet à l'exposition universelle de 1855, et surtout à l'exposition régionale de Rouen, étaient une garantie suffisante du rôle honorable qu'elle aurait joué à Londres, où les concurrents sérieux lui auraient fait à peu près complétement défaut. En renonçant à la lutte, elle a satisfait peut-être quelques rancunes industrielles; mais elle a perdu, en même temps que la chance d'un nouveau triomphe, l'occasion d'affirmer sa supériorité pour les articles dont sa situation actuelle lui a imposé la spécialité, et de montrer, quoi qu'en disent ses détracteurs, que, pour toutes les autres branches de son industrie, elle pourra quand elle le voudra sérieusement reconquérir la suprématie qu'elle a perdue.

Cette abstention, toute regrettable qu'elle soit, a eu du moins un avantage, c'est de faire mieux ressortir le mérite du seul fabricant qui a représenté notre industrie coutière au palais de Kensington. M. A. Leveau, en concourant à l'Exposition de Londres, a été inspiré par une juste appréciation des véritables intérêts de la fabrique d'Évreux, et la résolution qu'il a prise doit d'autant mieux lui concilier nos sympathies et lui mériter nos éloges que, en se résignant à exposer seul, il devait s'attendre à passer inaperçu, malgré les qualités incontestables qui distinguent ses produits.

Comme la plupart de ses collègues, M. A. Leveau a dû subir la transformation opérée dans les anciennes habitudes de la fabrique d'Évreux par suite des circonstances qui lui ont fait perdre le marché des espèces ordinaires de coutils. Il s'est livré plus particulièrement à la fabrication des genres destinés à la confection des corsets en gros, et il s'est même fait une place honorable dans la spécialité des coutils fins pour corsets de luxe. Il a, toutefois, continué à fabriquer l'article pour literie et pantalons, et comme il se proposait, avant tout, d'attirer l'attention du public et des hommes spéciaux sur les divers genres que produit la fabrique d'Évreux, il a eu l'heureuse pensée de les réunir tous dans son exposition, sauf toutefois l'article fantaisie, dont la fabrication est encore très-restreinte. Ajoutons que tous ces spécimens représentaient exactement la production courante de M. A. Leveau, qui n'a rien négligé d'ailleurs pour leur donner un cachet évident de supériorité et les a choisis de manière à faire apprécier tous les genres qui se fabriquent à Évreux.

L'exposition de M. Leveau comprenait :

1° Quatre coupes de coutils à lit, connus dans le commerce sous les noms de *grandes barres*, *grande calle*, *calle grise* et *petite calle*. Tous ces articles sont en largeur de 1 mètre 43, compte 30, 3 pas, chaîne en coton, trame en fil. Ils sont irréprochables sous le rapport de la finesse, de la perfection du tissage et de la beauté des nuances. Ces différents genres étaient cotés 4 fr. 25 et 4 fr. 50 le mètre;

2° Une coupe de coutil ordinaire, dit *rayé bleu*, pour pantalons, établi en compte 30, 3 pas, avec chaîne et trame en coton, sur 0 mètre 70 de largeur. Ce coutil, qui ne coûte que 2 fr. le mètre, est très-épais et très-fort; il est d'un excellent usage, dure fort longtemps, et pour ces divers motifs est très-recherché des ouvriers et des habitants de la campagne;

3° Deux coupes en pur coton, l'une grise et l'autre blanche, pour la fabrication des corsets, livrés en gros soit à la consommation intérieure, soit au commerce d'exportation. Ces articles, en compte 30, 3 pas, et mesurant 1 mètre 40 de largeur, se rapprochent beaucoup des coutils que produit Manchester, avec cette différence, toutefois, que les premiers sont plus souples, plus maniables, et peuvent être mieux travaillés que les articles anglais qui coûtent, il est vrai, moins cher. Les genres exposés par M. A. Leveau sont cotés 3 fr. 50 le mètre. Les mêmes coutils, soit gris ou blancs, reproduits avec trame en fil, valent 4 fr. le mètre;

4° Cinq coupes de coutils blancs pour corsets de luxe. Trois de ces échantillons sont à 4 pas, de 1 mètre 40 de largeur, avec chaîne en coton et trame en fil, en compte 30, 34 et 40. Le spécimen en compte 40, d'une exécution très-soignée, est tissé sur 9,680 fils en chaîne. Ces coutils, cotés 6, 7 et 10 fr., sont, malgré leur prix élevé, très-recherchés des fabricants de corsets à l'étranger, et surtout à Londres. Ils ont pour concurrents les articles belges; mais ils leur sont bien supérieurs pour la solidité et l'aspect; aussi sont-ils généralement préférés.

Les deux autres coupes pour corsets de luxe sont en coutils trois pas, comptes 44 et 50, et valent 7 et 9 fr. Le plus fin porte 9,200 fils en chaîne sur 1 mètre 40 de largeur.

Tous les articles exposés par M. A. Leveau révèlent une fabrication soignée et progressive. Mais nous devons signaler tout particulièrement ses coutils de luxe, qui ne laissent rien à désirer sous le rapport de la finesse, de la netteté du tissu et de la blancheur. Ils se distinguent, en outre, par une grande fermeté, qu'ils doivent à leur registre fin et serré, à la qualité des matières employées, et non, comme cela a lieu pour les coutils anglais, à un apprêt qui ne résiste pas à un usage un peu prolongé et que le lavage enlève infailliblement. Les coutils de M. A. Leveau sont tels qu'ils sortent de la main du tisserand, et pourtant ils ne craignent de rivaux ni pour l'éclat ni pour la solidité. Enfin, ils se prêtent beaucoup mieux que leurs concurrents de Belgique, et surtout d'Angleterre, aux opérations de la couture, et cet avantage pratique complète l'ensemble des qualités qui auraient dû les recommander tout particulièrement à l'attention du jury.

Les articles pour literie, pantalons et corsets en gros exposés par M. Leveau sont fabriqués avec les cotons retors de la maison Pierre Sement et fils, de Bernay, qui s'est acquis dans ce genre de filature une réputation justement méritée. C'est la maison Feray, d'Essonne, qui fournit à peu près exclusivement les fils et les cotons Géorgie longue soie pour la fabrication des coutils fins.

La fabrique que dirige M. A. Leveau date de 1822.

7

Elle a été fondée par son père qui, au bon temps de notre industrie coutière, occupait de cent trente à cent cinquante ouvriers. Elle a dû, comme nous l'avons dit, suivre le changement introduit par les circonstances dans les genres primitifs de la fabrique d'Évreux, et, par suite de la diminution générale des affaires, elle n'occupait plus, avant la crise actuelle, que quatre-vingts à cent ouvriers, faisant surtout les articles pour corsets.

C'est la première fois que M. A. Leveau figurait dans une exposition universelle. Nous regrettons que ce début si honorable n'ait pas été couronné du résultat que nous avions espéré pour lui, et qu'il méritait pour les bonnes qualités de ses produits et aussi pour cette circonstance qu'il était le seul représentant de l'industrie coutière, non-seulement d'Évreux, mais de toute la France. A défaut d'autre compensation, M. Leveau trouvera dans la notoriété acquise à ses produits, dans le sentiment d'un devoir consciencieusement rempli, la récompense des sacrifices qu'il s'est imposés.

CLASSE XXI. — *Fils et tissus de laine pure et mélangée*

—

Les fabrications diverses qui se rattachent à l'industrie de la laine dans le département de l'Eure occupaient un rang distingué à l'Exposition de Londres. Nous avons signalé déjà la remarquable collection de machines provenant des ateliers de construction de M. A. Mercier et les garnitures de cardes exposées par MM. Calvet-Rogniat et Fresné. Ces trois fabricants appartiennent à la ville de Louviers. C'est encore cette cité industrielle qui a fourni notre contingent départemental pour les produits de la filature et du tissage de la laine pure ou mélangée.

Ces deux industries étaient représentées : la première, par M. Vouillon et MM. Audresset et fils; la seconde, par la fabrique de draps de Louviers.

M. Vouillon, manufacturier à Louviers : fils feutrés; draps faits avec des fils feutrés

La France a eu l'insigne honneur de pouvoir revendiquer deux des inventions les plus réellement neuves et les plus intéressantes qui aient brillé à l'Exposition universelle de Londres. L'une est le moteur à air dilaté de M. Lenoir. L'autre est le procédé inventé par M. F. Vouillon dans le but de substituer le feutrage à la filature pour la confection des fils de laine destinés au tissage des draps.

M. Vouillon s'est occupé longtemps de la fabrication des draps feutrés. Cette industrie lui doit les progrès qu'elle a faits et qui tendent tous à faire disparaître les inconvénients inhérents à ces produits, entre autres leur tendance à s'allonger inégalement par défaut d'élasticité et l'impossibilité de soumettre les tissus feutrés à un apprêt convenable. Mais ses travaux devaient le conduire à un résultat tout nouveau et dont l'application semble appelée à exercer une influence considérable sur l'avenir de l'industrie drapière.

Connaissant par expérience les défectuosités que présentent presque nécessairement les fils de laine obtenus par les procédés ordinaires d'étirage et de torsion,

M. Vouillon a été amené à se demander s'il n'y aurait pas avantage à appliquer le feutrage au fil même qui sert à la confection du drap et à le substituer ainsi au système actuel de filature. De là l'invention des fils feutrés.

Le principe était trouvé ; il restait à résoudre le problème de son application pratique. M. Vouillon s'est mis résolûment à l'œuvre, et, après de nombreux essais, il est parvenu à construire une machine que nous avons vue fonctionner à l'exposition régionale de Rouen en 1859. C'était une sorte de *rota-frotteur*, auquel se combinait la vapeur d'eau pour faciliter l'opération du feutrage. Cette machine travaillait dans des conditions peu actives ; aussi n'était-elle susceptible que d'une application industrielle très-restreinte. Mais elle avait résolu le problème du feutrage des fils de laine, et, malgré ses imperfections évidentes, elle produisit une sensation profonde qui fit de son apparition un véritable événement.

Ce sont les divers produits obtenus à l'aide de ce système que M. Vouillon a fait figurer à l'Exposition de Londres. Mais, pour en bien faire apprécier l'importance, il est nécessaire d'exposer tout d'abord en quoi consiste le système de feutrage et par quels caractères il se distingue des procédés de la filature.

Nous avons signalé, en parlant de l'exposition de M. A. Mercier, les opérations diverses de boudinage, d'étirage et de torsion que subit la laine pour être amenée à l'état de fil. M. Vouillon la prend à la sortie de la carde boudineuse ; il la fait passer par une série de cylindres qui, dans leur marche progressive, la soumettent à un frottement méthodique et produisent un fil lisse, net, parfaitement régulier, d'une solidité remarquable et

offrant dès à présent des avantages notables sur le fil
obtenu par les procédés ordinaires.

Celui-ci est hérissé de petits poils qui l'ont fait comparer à une chenille. Il est, si perfectionnés que soient les
moyens d'étirage, boutonneux et irrégulier. Ces conditions constituent autant de difficultés pour le tissage et
nuisent à la cohésion du drap, toujours plus ou moins
perméable à l'air. En outre, les tissus fabriqués avec les
fils étirés et tordus se prêtent difficilement aux apprêts
qu'on leur fait subir, et notamment à l'échardonnage,
qui a pour but de les garnir en ramenant les filaments à
leur surface.

Le fil feutré étant, au contraire, lisse et uni, exempt
de boutons et d'une régularité parfaite, se prête beaucoup
plus facilement aux opérations du tissage. Le tissu se tasse
mieux; il est plus compacte et laisse moins de place au
passage de l'air.

On a remarqué que, dans le fil d'étirage, la laine la
meilleure et la plus fine forme l'âme du cordon et reste à
son centre, tandis que la plus commune se tord à la circonférence et lui donne cette apparence ébouriffée que
nous venons de signaler. C'est le contraire qui a lieu pour
le fil feutré, dans lequel la meilleure laine forme l'enveloppe du filament. Il est, en outre, plus poreux, ce qui
lui donne une sensibilité particulière favorable à l'échardonnage et le rend particulièrement apte à la production
des tissus pour paletots, qui ont besoin d'être étoffés et
bien garnis. Enfin, le fil feutré, à raison de sa perméa-
bilité, se prête plus complétement à la teinture; il supporte mieux les opérations du tissage, du passage dans le
rôt et les lames, du séjour dans les gorges de dégraissage,
du foulage, etc.

Les essais tentés jusqu'à ce jour ont démontré que, avec le feutrage, il n'est pas possible d'obtenir pour les fils un calibre d'une ténuité égale à celle que donne la filature. Mais, outre que le dernier mot de cette invention n'est pas encore dit, et en admettant qu'on doive renoncer à l'espoir d'obtenir des fils feutrés d'une grande finesse, le procédé de M. Vouillon, avec les avantages qu'il présente, n'en semble pas moins appelé à rendre d'utiles services à l'industrie drapière. Si ses produits ne peuvent être employés que difficilement à la fabrication des tissus fins ou des draps lisses, ils paraissent devoir servir utilement pour la confection des articles de nouveauté ou de fantaisie.

En effet, ce genre de fabrication tire sa principale ressource de l'emploi des fils chinés ou jaspés, qu'on obtient, dans le système actuel, par la réunion de deux ou plusieurs fils de couleurs différentes, plus ou moins retors ensemble. Mais ce procédé est très-coûteux, à cause des opérations multipliées de filage, de bobinage et de torsion qu'il nécessite ; aussi n'est-il usité que pour la fabrication des étoffes d'un prix élevé. Avec le feutrage, au contraire, on obtient très-facilement des fils chinés ou jaspés, et il peut devenir ainsi une source nouvelle où s'alimentera pendant longtemps la confection des articles de nouveautés.

Le procédé de M. Vouillon semble encore appelé à rendre des services tout particulièrement utiles pour le tissage des articles ras, dont le principal mérite consiste dans la netteté du dessin. Comme un certain feutrage est nécessaire pour donner à ces tissus la consistance convenable, on est obligé de recourir à des échardonnages répétés, qui ont l'inconvénient de mêler ensemble les

fibrilles qui entourent le fil d'étirage et de recouvrir le
dessin. Pour obvier à cet inconvénient, on a recours à
des tondages énergiques; mais cette opération n'est complète et décisive qu'à la condition de détériorer l'étoffe,
qui perd de sa valeur, bien que le prix de revient
augmente.

Le feutrage des fils de laine se recommande enfin à un
titre tout particulier à l'attention des filateurs. Il n'exige
aucun changement dans les assortiments de cardes servant
à la préparation des fils. Ainsi, le boudin, tel qu'elles
le produisent avec ou sans étirage, s'enveloppe très-bien
au passage dans les cylindres à marche progressive; il se
moule avec une régularité parfaite, et les inégalités qu'il
offrait au sortir de la carde disparaissent complétement
sous l'action de la machine à feutrer.

Des expériences faites jusqu'à ce jour il résulte que le
procédé de M. Vouillon présente des avantages nombreux
et incontestables qui peuvent se résumer ainsi :

Production d'un fil lisse, cylindrique, parfaitement
régulier, exempt de boutons, bien enveloppé et se prê-
tant très-bien aux opérations du tissage, du lainage, du
foulage, etc.;

Possibilité d'employer utilement des laines communes
et même des déchets qui, mêlés à de la laine fine, donnent un fil ayant l'apparence d'une qualité supérieure, la
meilleure laine étant ramenée par le feutrage à la surface
du cordon et lui servant d'enveloppe;

Fabrication d'étoffes d'hiver plus légères et en même
temps plus chaudes;

Grande diversité de nuances obtenue tout naturellement pour les fils chinés ou jaspés qu'on emploie dans la
fabrication des draps nouveautés;

Économie résultant de la possibilité d'utiliser des matières délaissées jusqu'à présent; de la suppression à peu près absolue des déchets et des frais de l'*ensimage* ou graissage de la laine avec de l'huile; de la différence en plus du rendement au tissage; enfin, du remplacement des métiers à filer par une machine qui devra tenir beaucoup moins de place;

Enfin, un grand pas fait vers la solution du problème de l'application absolue du tissage mécanique à la fabrication des étoffes de laine, application si incertaine encore à cause de l'imperfection des fils ordinaires.

On s'est demandé pourquoi ce procédé si ingénieux, si utile, n'est pas dès à présent d'un emploi général ou au moins largement accepté par l'industrie drapière, et cette circonstance a fait naître le doute dans beaucoup d'esprits sérieux. Il faut, tout d'abord, tenir compte des résistances, pour ainsi dire naturelles, que créent des habitudes industrielles depuis longtemps accréditées. Une fabrication qui dispose d'un matériel éprouvé, dont elle est sûre, ne se résigne pas facilement aux sacrifices que doit nécessiter un changement d'outillage aussi radical que celui qu'entraînera l'application en grand du système Vouillon. Pour l'amener au point d'accepter cette réforme, il faut que les avantages présumés du feutrage des fils de laine aient reçu la sanction pratique d'expériences multipliées et décisives. A ce point de vue, on ne saurait blâmer l'industrie drapière de la réserve dans laquelle elle a cru devoir se tenir jusqu'à ce jour.

L'opposition que rencontre la mise en usage du nouveau procédé s'explique aussi par une autre considération toute pratique. Les machines qui ont servi jusqu'à présent au feutrage des fils de laine ne produisent pas dans des conditions que l'on peut appeler industrielles. Il ne suffit pas que l'emploi des fils feutrés présente des avantages réels, incontestables sous le rapport du tissage; il faut que l'opération elle-même se fasse dans des conditions telles que l'emploi de ces fils se généralise par le fait même de leur production économique; c'est-à-dire que les machines feutreuses doivent fournir, au meilleur marché possible, assez de fils pour suffire largement aux besoins de la fabrication. Or, cette partie essentielle du problème est encore à résoudre. M. Vouillon a posé le principe; il reste à trouver les moyens mécaniques qui devront le féconder. C'est l'affaire des ingénieurs, et nous savons déjà que M. A. Mercier a fait fonctionner au palais de Kensington de Londres une machine feutreuse établie dans des conditions qui permettent de produire le fil feutré sur une grande échelle.

M. Vouillon a exposé à Londres une série complète de fils feutrés. Tous se recommandent au point de vue de l'exécution par leur aspect lisse, régulier, leur forme bien cylindrique, leur parfaite enveloppe, leur aptitude aux diverses opérations du tissage. Nous avons remarqué dans cette intéressante collection des fils teints de nuances bien réussies et plusieurs échantillons de chinés à deux ou plusieurs couleurs d'un mélangé très-heureux. Mais ce qui distinguait particulièrement ces fils après leur netteté, c'était leur belle apparence, bien qu'ils fussent composés de laines courtes et fines mêlées à des espèces communes et longues. Ce caractère est, comme nous l'avons dit déjà, un résultat spécial au feutrage, qui a la propriété de faire ressortir la laine fine à la surface du filament et de lui donner ainsi les avantages au moins apparents d'une qualité supérieure.

A côté de ces produits élémentaires, M. Vouillon a
réuni tous les spécimens de tissus qu'on peut, dès à
présent, obtenir par le tissage des fils feutrés, et, pour
les rendre plus facilement appréciables, il les a exposés
tels qu'ils sortent des mains du tisseur. Ces tissus dits
nouveautés ont pour qualités principales la netteté du
dessin, obtenue sans tondages exagérés, une contexture
serrée qui leur donne une apparence particulière de solidité et une légèreté remarquable unie à beaucoup de
lainage.

Pour rendre ce dernier avantage plus palpable encore
à l'aide d'un moyen facile de comparaison, M. Vouillon
a soumis à l'examen des juges compétents deux échantillons de tissus fabriqués dans des conditions identiques,
l'un avec des fils feutrés, l'autre avec des fils d'étirage et
de torsion. Le premier a été tissé avec des fils composés
moitié de laine d'Espagne lavée à dos à 4 fr. le kilog.,
moitié de blousse d'Australie à 7 fr. le kilog. On a obtenu
un drap souple bien étoffé et ne pesant que 7 kilog. 100 par
5 mètres 80. Le second, fabriqué en fils ordinaires dans
les mêmes conditions de mélange, a produit un tissu sec,
creux et pesant 5 kilog. 350 gr. par 6 mètres, c'est-à-dire
ayant moins de lainage et étant plus lourd que le premier.

L'exposition de M. Vouillon renfermait, en outre, des
spécimens de draps tout laine, et d'autres tissés avec des
chaînes de coton; des draps dits *renaissance* faits avec
des effilochages de vieille laine et trame de coton; enfin,
des étoffes pour tentures bien nuancées de ton et très-
moelleuses à la main. Tous ces tissus sont également
fabriqués avec des fils feutrés.

Le procédé de M. Vouillon est-il appelé, comme on l'a
dit, à opérer une véritable révolution dans l'industrie

drapière? C'est là le secret de l'avenir. Mais, sans exa-
gérer les résultats que comporte son application possible,
on peut affirmer qu'il est appelé à rendre d'utiles services
quand il aura reçu tous les perfectionnements dont il est
susceptible. En effet, les fils feutrés ne sont pas appli-
cables seulement à la draperie, ils peuvent être employés
également pour la bonneterie, pour toutes les variétés
de lainages dont la fabrication est aujourd'hui si largement répandue dans le nord et le nord-ouest de la France.
On devra s'en servir aussi pour l'industrie des tapis qui,
avec ce procédé, pourra utiliser toutes sortes de matières
textiles aujourd'hui sans emploi, et trouvera dans cette
précieuse augmentation de ressources les moyens de
produire dans des conditions économiques qui ouvriront
à cette fabrication, aujourd'hui toute de luxe, de nouveaux et larges débouchés.

Mais, alors même que toutes ces promesses ne devraient
pas être tenues, et que le principe du feutrage des fils de
laine n'aurait fait qu'ajouter un élément d'activité de plus
à l'industrie lainière, ce résultat suffirait pour justifier
tout le bruit qui s'est fait autour de cette invention et
pour lui assurer une place au nombre des progrès qui
devront faire époque dans l'histoire de la fabrication des
tissus de laine.

Pour démontrer l'importance de cette invention, il
suffit de rappeler les encouragements qu'elle a déjà reçus.
M. Vouillon a obtenu à l'exposition régionale de Rouen
la médaille d'honneur, et l'Empereur, qui n'a pas cru
l'habile industriel suffisamment récompensé par cette
distinction, l'a nommé chevalier de la Légion d'honneur.
A Londres, l'exposition des fils feutrés et des tissus fabriqués avec ces fils a produit un grand effet, malgré cer-

taines réserves invoquées pour amoindrir l'importance
du procédé lui-même, et le jury n'a fait que sanctionner
la décision de tous les hommes compétents en accordant
à M. Vouillon la médaille de prix pour le principe de
l'application du feutrage à la confection des fils de laine,
et une mention honorable pour les produits de cette
application.

MM. Audresset et fils, à Louviers : laine et duvet de cachemire
peignés et filés; tissus de cachemire

Les produits exposés par M. Audresset présentaient un
intérêt exceptionnel au point de vue de la nature, de la
rareté et du haut prix de la matière première employée,
et à cause aussi de l'origine toute récente de cette industrie, aujourd'hui spéciale à la France, et des difficultés
de filage et de tissage qu'il a fallu vaincre pour arriver au
résultat obtenu. Mais cet intérêt s'accroît de la considération particulière dont le nom de l'exposant est entouré,
considération qu'expliquent non-seulement les qualités
qui distinguent ses produits, mais aussi et surtout les
services qu'il a rendus à la filature de la laine.

Ses débuts dans cette industrie datent de 1836. A cette
époque, et par suite de la déchéance où se trouvait notre
industrie drapière, la filature de Louviers était réduite à
travailler à façon pour la ville d'Elbeuf, dont la prospérité
semblait s'accroître de tout ce que sa rivale perdait en
activité et en esprit d'entreprise. Notre filature se rési-
gnait à cette condition d'infériorité parce qu'elle y trouvait, après tout, les avantages d'une situation qui, sans
exiger d'efforts d'initiative, lui assurait des débouchés
peu lucratifs, mais certains.

M. Audresset père dut, comme la plupart de ses con-
frères, passer sous les fourches caudines de ce vasselage
industriel. Il monta une filature à façon. Mais, dans cette
position toute secondaire, il sut se faire distinguer et par
son aptitude commerciale et par les efforts qu'il ne cessa
de faire dans le but d'améliorer le matériel des filatures.
On lui doit, entre autres, l'invention d'une carde boudineuse avec peigneur, la première machine en ce genre
qui ait été construite en France. Il a rendu ainsi un grand
service non-seulement à l'industrie, mais encore à l'hu-
manité, en ce que cette carde supprimait le travail pénible
et abrutissant des rattacheurs de *bélé*, choisis parmi les
enfants de six à dix ans.

En 1845, M. Audresset voulut affranchir son industrie
du joug de la manufacture d'Elbeuf, dont la plupart de
nos filateurs sont encore aujourd'hui tributaires. Il conçut
le projet de produire pour son compte les fils de laine
cardée qu'emploie la fabrication des châles brochés et
d'autres lainages qui jouent un rôle considérable dans
l'article de Paris et de Rouen. Animé d'une forte convic-
tion, soutenu par le sentiment de l'indépendance industrielle et une connaissance approfondie de son métier, il
se mit résolûment à l'œuvre, changea complétement son
genre d'opérations et dota son pays d'une industrie d'avenir, en même temps qu'il ouvrait pour la ville de Louviers
une ère nouvelle d'activité et de progrès.

Malheureusement, son exemple n'a pas été suivi, et
c'est là un fait regrettable. Il n'est pas douteux, en effet,
que cette œuvre d'affranchissement eût trouvé l'appui de
notre administration départementale dont le concours ne
fait défaut à aucune idée généreuse, à aucune entreprise
utile. Ainsi protégée, elle eût contribué heureusement à
rendre à la fabrique de Louviers une importance digne

de son glorieux passé, de ses moyens d'action et de ses ressources naturelles.

L'industrie importée à Louviers par M. Audresset semblait appelée à un développement prospère, lorsque son essor fut paralysé par la crise de 1847 et par les événements politiques de 1848. L'établissement fut mis en chômage. Mais, loin de se décourager, son chef avait puisé dans les revers qui le frappaient une nouvelle énergie. Il parcourut la France et voyagea à l'étranger pour étudier les progrès accomplis dans les manufactures de laine, les perfectionnements des procédés, et surtout les genres nouveaux de fabrication nés de l'extension incessante qu'a prise l'activité industrielle et des besoins de la consommation. Quelque temps après, il revenait à Louviers pour y instituer deux industries toutes nouvelles : le peignage mécanique de la laine et une usine pour la filature et le tissage de la laine et du duvet de cachemire des Indes.

Le peignage mécanique de la laine est une industrie d'origine toute récente. Pour la production des fils fins et extra-fins, il faut préparer préalablement la laine, et cette opération se faisait autrefois à la main. Mais ce travail, long, difficile, dispendieux, ne donnait que des résultats très-peu satisfaisants. Malgré tous les soins qu'ils y apportaient, les ouvriers ne pouvaient qu'incomplétement débarrasser la laine des boutons dont elle est remplie, et il leur était impossible de séparer les filaments courts des filaments longs. Depuis longtemps on cherchait le moyen de remplacer le peignage à la main par une opération automatique; mais tous les efforts tentés dans ce but étaient restés infructueux. C'est à la France que revient l'honneur d'avoir résolu ce problème. La pre-

mière peigneuse mécanique qui ait fonctionné utilement
a été inventée en 1847 par Josué Heilmann, dont le nom
est une des gloires de Mulhouse, sa ville natale.

Si, il y a quinze ans, on avait dit à l'industrie, tout
avancée qu'elle était déjà, qu'une machine allait être
découverte qui, pour le peignage de la laine, séparerait
les filaments courts des filaments longs, choisissant les
derniers avec plus de discernement que ne pourrait le
faire l'ouvrier le plus habile, mettant à part les premiers,
jetant en même temps dans les filaments courts toutes
les impuretés, tous les boutons, de manière que les filaments longs resteraient seuls parfaitement purs, propres
à produire un fil d'une netteté parfaite ; si, disons-nous,
on avait annoncé qu'une pareille machine allait être
inventée, il n'est personne qui n'eût répondu qu'une
semblable invention serait un prodige, mais que ce
prodige était irréalisable.

Et cependant un an après il était réalisé. Nous avons
vu, en 1855, la peigneuse circulaire de Josué Heilmann
fonctionner à l'exposition universelle de Paris, et, devant
ce travail si délicat, si sûr qu'il semblait dirigé par une
intelligence supérieure et invisible, nous sommes resté
frappé d'une admiration qu'aucune merveille de la mécanique industrielle ne nous avait encore fait éprouver.

Quoi qu'il en soit, le problème était résolu. M. Audresset
père, dont l'esprit pratique avait compris les avantages
que présentait le nouveau système, fut un des premiers à
l'appliquer en grand aux besoins de l'industrie textile. Il
fonda à Louviers un établissement de peignage mécanique
dont tout l'outillage était fourni par Nicolas Schlumberger,
de Guebwiller, un des plus célèbres constructeurs dont
s'honore notre pays.

Sous son habile direction, et après quelques hésitations inséparables d'un début, la nouvelle filature ne tarda pas à prospérer et à prendre un développement qui en a fait une des plus importantes industries du département.

M. Audresset emploie principalement pour le peignage mécanique les laines de l'Australie, de la Plata, du Chili, du Pérou et du Mexique. Les fils qu'il produit en numéros fins servent à fabriquer les mérinos français, les mérinos d'Écosse, les mousselines-laine et tous les articles *fantaisie* des fabriques de Paris, Reims, Roubaix et Amiens. M. Audresset fabrique aussi des tissus mérinos et des châles unis qui sont consommés surtout par la classe laborieuse et exportés en grande partie en Europe et dans l'Amérique du Nord.

En même temps qu'il dotait le département de l'Eure de cette industrie nouvelle, M. Audresset fondait, comme nous venons de le dire, une usine pour la filature et le tissage du duvet de cachemire.

Ce précieux duvet provient de la chèvre du Thibet, qui existe à l'état sauvage sur les bords de la mer Caspienne, en Perse, dans le Turkestan et la vallée de Kachemyr. Les paysans le récoltent brin à brin, lors de la mue, et on l'exporte par petites quantités sur les marchés russes, où les fabricants qui l'emploient s'approvisionnent directement.

L'industrie de la filature et du tissage du duvet de cachemire est intéressante à plusieurs titres. Elle offre d'abord cela de particulier qu'il n'existe au monde que trois manufactures consacrées à cette industrie et que toutes les trois appartiennent à la France, qui a ainsi le monopole de cette fabrication toute de luxe et de haut goût. Il faut ajouter à cette circonstance que le peignage

et la filature à la mécanique de ce duvet offrent de très-
grandes difficultés. Pour arriver à une production régulière et suivie, il faut une aptitude toute particulière, un
travail de tous les instants, et ce n'est qu'après de longues
années d'expérience que l'on peut acquérir les connaissances spéciales pour traiter une matière essentiellement
électrique et facilement influencée par les changements
de saison ou de température. La plupart des industriels
qui ont essayé de filer le duvet de cachemire ont été
obligés d'y renoncer.

L'établissement de M. Audresset est aujourd'hui placé
à la tête de cette industrie. Son outillage est formé des
meilleures machines françaises et anglaises, et ses produits, à cause de leur qualité supérieure, sont particulièrement recherchés par les fabricants. C'est avec les fils
de MM. Audresset et fils qu'ont été produits les plus beaux
châles français exposés à Londres par MM. Duché, F. Hébert, Boutard et Lasalle, Boas frères et Cie, etc. Ils servent aussi à la confection de nos tissus unis les plus fins
et de la bonneterie extra-belle.

MM. Audresset et fils fabriquent en outre ces beaux
tissus de cachemire qui sont employés comme châles unis
à confection, les étoffes de haute nouveauté pour robes
et les tissus de nuances vives qui s'exportent en Orient,
en Espagne et dans l'Amérique du Sud, où ils sont très-
recherchés.

Par suite du développement progressif de ses affaires,
qui atteignent aujourd'hui le chiffre de 1,800,000 fr. à
2 millions, M. Audresset a été obligé de donner une
grande extension à sa fabrique. Dès 1853, il augmentait
considérablement le matériel de la *maison mère* de Louviers, où sont concentrées les opérations de dégraissage,

8

peignage et filature de laine-mérinos et de duvet de cachemire. Puis il a fondé successivement : une fabrique pour le tissage des cachemires, à Crèvecœur-le-Grand (Oise) ; une fabrique pour le tissage des mérinos français et des mérinos d'Écosse, au Cateau (Nord) ; une usine pour l'éjarrage des cachemires, à la Férée (Ardennes) ; des ateliers d'échardonnage et de triage de laines et de cachemires dans les maisons centrales de Rouen et de Gaillon ; enfin, deux filatures de laine peignée dans les départements du Nord et de l'Oise, pour subvenir aux besoins toujours croissants de son industrie.

La maison Audresset et fils occupe actuellement, pour ses diverses industries, tant à Louviers que dans les succursales, environ six cents ouvriers. Son outillage, plusieurs fois renouvelé depuis 1849, a coûté environ de 250 à 300,000 fr.

Ajoutons un dernier trait à cette esquisse d'une des individualités industrielles les plus recommandables de notre département. Par suite des désastres commerciaux qu'il a subis de 1847 à 1848, M. Audresset père avait été obligé de suspendre ses payements. Mais il est parvenu, à force d'intelligence, de travail et avec le concours de ses fils, à payer intégralement ses dettes. Sa réhabilitation a été proclamée, après une longue et minutieuse enquête, par un arrêt solennel de la cour impériale de Rouen, qui l'a relevé de sa faillite. De tels exemples sont trop rares pour que nous ne soyons pas heureux de les signaler.

MM. Audresset et fils ont exposé à Londres divers échantillons de fils blancs ou teints obtenus avec le duvet de cachemire. Ils sont remarquables par leur éclat, leur finesse, leur netteté, et révèlent, par ces qualités extérieures, le soin qui préside à leur confection en même temps que la cause des préférences dont ils sont l'objet de la part des fabricants.

L'exposition de la maison Audresset contenait aussi des tissus de cachemire admirables de finesse, de moelleux et de légèreté. Les spécimens en couleurs ont été teints par M. Boutarel, et les nuances ont un velouté que l'on n'obtient ni avec la soie ni avec la laine. Ces divers échantillons n'étaient point des tours de force exécutés à grands frais en vue de l'exposition : ils ont été pris parmi les articles que produit la fabrication courante et journalière de MM. Audresset père et fils.

Ce n'est pas la première fois que l'excellence des produits de ces manufacturiers est attestée dans nos grands concours industriels. Déjà ils ont valu d'honorables distinctions à M. Audresset, qui a obtenu la médaille de seconde classe à l'Exposition universelle de Londres en 1851, et une médaille d'argent à l'Exposition de Paris en 1855. Le jury de l'Exposition actuelle a sanctionné ces encouragements en décernant la médaille de prix à MM. Audresset père et fils.

FABRIQUE DE DRAPS DE LOUVIERS. — MM. Raphaël RENAUT; — JEUFFRAIN père et fils; — POITEVIN et fils; — Ch. POITEVIN; — DANNET et Cie; — H. GASTINE; — C. NOUFFLART; — PENELLE et BERTIN; — REMY et PICARD; — PELLIER et TRUBERT; — BRETON et BARBE; — BRUGNIÈRE : draperie unie et façonnée; nouveautés

Des détracteurs ou des esprits chagrins se sont plu à dire de la fabrique de Louviers qu'elle était pour jamais frappée de déchéance : ils auraient volontiers proclamé qu'elle était morte. Pour démentir ces fâcheux pronostics, la fabrique de Louviers a fait comme le philosophe à qui on demandait de démontrer le mouvement : elle s'est mise à marcher. Son exposition à Londres est, pour tout juge non prévenu, une éclatante protestation contre l'injuste arrêt dont on l'a frappée.

S'il est vrai que notre industrie drapière n'a pas toute l'activité dont elle est susceptible; si, sous le rapport de l'esprit d'initiative, de l'énergie de la production, du développement des affaires, elle s'est laissé distancer par la fabrique d'Elbeuf, sa voisine et sa rivale, il faut, pour apprécier cet état d'infériorité relative, tenir compte des rudes épreuves qu'a traversées cette industrie et dont elle a eu tant de peine à se relever.

De 1814 à 1827, Louviers a vu sa fabrique déchoir sous l'influence d'une crise redoutable qui a atteint presque tous ses représentants. Deux noms aujourd'hui éteints ont surnagé au milieu de ce désastre général. De tous les autres fabricants ruinés à cette époque, les uns ont quitté la ville, les autres se sont retirés des affaires.

Il est résulté de cet état de choses que les capitaux, rendus timides par cette catastrophe industrielle, se sont depuis et peu à peu détournés de l'industrie. Quelques fabricants dont la fortune immobilière était engagée dans cette lutte contre le malheur, se sentant incapables de travailler pour leur compte ou n'osant pas le tenter, se sont faits filateurs, tisseurs ou foulonniers à façon pour utiliser leurs forces motrices et leurs bâtiments. Ils travaillèrent pour le compte des manufacturiers elbeuviens qui, mettant à profit cet accroissement de moyens d'action, multiplièrent dans des proportions énormes les res-

sources de leur production et arrivèrent peu à peu à se
rendre complétement maîtres du marché. C'est ainsi que
la déchéance de Louviers est devenue un des éléments de
la prospérité d'Elbeuf, et que se sont établies entre ces
deux cités les relations de vasselage que la première subit
encore aujourd'hui.

Cette situation toute secondaire où languissait Louviers
se continua jusqu'en 1832. A cette époque, le bas prix
des laines devint pour notre industrie drapière le signal
d'une réaction contre l'atonie qui la paralysait. Une géné-
ration nouvelle avait surgi des ruines du passé. Fortifiée
par les dures leçons de l'expérience, elle avait foi dans
son étoile. Quelques jeunes gens osèrent concevoir pour
leur ville natale l'espoir d'un avenir qui la relèverait de
toutes ses déchéances. Aidés de quelques employés intelligents, gardiens fidèles des loyales traditions de notre
industrie drapière, ils entreprirent de fabriquer de nouveau ; et ces tentatives étaient d'autant plus dignes d'intérêt qu'elles étaient plus hasardeuses, puisque la plupart
de ces manufacturiers de l'avenir opéraient sans capitaux
suffisants. Le succès fut l'excuse de leur témérité en
même temps qu'il les récompensait de leur généreuse
ardeur. Les capitaux, rendus plus confiants par le résultat
de ces premiers essais, vinrent les trouver, les solliciter
même. Aidés du crédit mis à leur disposition par de fortes
maisons de laine, les nouveaux fabricants ont grandi peu
à peu : tous ont réussi, et, en même temps qu'ils tra-
vaillaient à leur fortune, ils inauguraient pour la cité
déchue une ère nouvelle de prospérité qui devait lui faire
oublier toutes ses souffrances.

L'industrie de Louviers est aujourd'hui plus avancée,
plus active qu'elle ne l'a jamais été. Mais, il faut bien

le reconnaître, elle est loin encore du degré d'activité auquel il lui est réservé sans doute d'atteindre avec les ressources naturelles et les éléments d'action dont elle dispose.

Plusieurs circonstances, qu'il est utile de rappeler, contribuent à restreindre le développement d'affaires auquel elle est appelée. Longtemps vassale et tributaire d'Elbeuf, Louviers ne s'est pas encore déshabituée du rôle secondaire auquel elle a été longtemps condamnée. Ainsi, des douze cents chevaux de force dont elle dispose, un grand nombre sont encore employés à travailler à façon. Il en résulte que la plupart des capitaux engagés dans la fabrique ne produisent guère plus que ce que rapporterait un placement en valeurs immobilières.

Pour utiliser convenablement ces éléments de travail et les rendre aussi productifs qu'ils devraient l'être dans l'intérêt de l'industrie de Louviers, il faudrait que ses douze cents chevaux de force fussent totalement employés à fabriquer des tissus qui seraient vendus sur place. Dans ce cas, l'intérêt·des capitaux se multiplierait par le nombre même des affaires et placerait notre fabrique de drap dans des conditions de progrès qui ne sauraient exister avec l'état de choses actuel.

En émettant cette idée, nous ne nous dissimulons pas les difficultés qui s'opposent à son application et la rendront pendant longtemps encore irréalisable. Mais, pour qu'elle fasse son chemin, il faut d'abord qu'elle soit bien posée dans l'esprit des intéressés, que tout le monde comprenne combien il est regrettable, dans l'intérêt de notre industrie drapière, que certaines fabriques aient encore leurs maisons de vente à Elbeuf. Une fois admis le principe de la concentration à Louviers de tous les éléments d'action dont sa fabrique dispose, le temps fera le reste.

Une autre circonstance a empêché aussi notre industrie des draps de prendre le rapide développement qui est l'objet de tous nos vœux. C'est la réserve traditionnelle dont les fabricants de Louviers ont fait la règle de leurs habitudes commerciales. Ce sentiment, très-louable d'ailleurs, est une garantie de loyale exécution des marchés, de bonne confection des produits; mais il a l'inconvénient, sinon d'annuler, au moins de restreindre l'esprit d'initiative qui est un des attributs du génie industriel et un puissant ressort pour l'activité et l'extension des affaires. Mais, hâtons-nous de le dire, si cette réserve a été une cause de faiblesse, il faut plutôt en faire un honneur à nos fabricants que la leur reprocher comme une faute.

Il faut remarquer d'ailleurs que, malgré les conditions désavantageuses où les événements l'ont si longtemps placée, malgré les difficultés de toute espèce, soit accidentelles, soit inhérentes à sa nature elle-même, l'industrie des draps de Louviers est en voie de progrès sérieux. Elle embrasse aujourd'hui tous les genres de fabrication, et chaque maison, en se faisant une spécialité, a su perfectionner ses produits, qui rivalisent dans des conditions très-satisfaisantes avec ceux d'Elbeuf. Nous n'avons à envier aujourd'hui à cette ville si éminemment industrielle que son importance et son marché. Pour la variété et surtout pour la qualité de ses articles, Louviers ne le cède en rien à sa rivale, et s'il nous est permis d'exprimer toute notre pensée, les contrats faits à livrer sur lesquels repose la plus grande partie des affaires prouvent la préférence que l'on accorde à

nos concitoyens, quand il s'agit de ponctualité et de
confiance.

Cela tient au soin consciencieux qu'ils apportent aux
affaires, et aussi à une circonstance toute locale. En effet,
plusieurs établissements à Louviers sont complets, et ceux
qui ne le sont pas trouvent sous la main les éléments de
fabrication qui leur manquent. Il en résulte que Louviers
est dans de meilleures conditions qu'Elbeuf pour produire
vite et à meilleur marché, puisque l'une possède naturellement toutes les ressources nécessaires à son industrie, tandis que l'autre est tributaire des ateliers à façon
de l'Eure.

Depuis quelque temps la consommation tend de plus en
plus à demander des genres *nouveautés*. C'est là une tendance heureuse qui stimule l'imagination des fabricants,
augmente la valeur de la matière première, multiplie les
causes de renouvellement des vêtements et a pour avantage tout particulier d'ouvrir un champ sans limites à
notre génie industriel, qui brille surtout par l'invention
et le bon goût. Louviers a subi l'influence de cette
transformation. Plusieurs de ses fabricants ne font déjà
que des nouveautés, et ceux même qui sont le plus
voués à l'uni se trouvent entraînés progressivement à
ajouter à cette spécialité la fabrication des tissus de
fantaisie que réclament les incessantes variations de la
mode.

En dehors des produits exposés à Londres, Louviers
fabrique certains genres spéciaux qui jouent un rôle
important dans l'ensemble de son industrie. Ainsi, la
maison Duperrier fabrique les draps qui servent à la gen-
darmerie ou qu'on emploie pour les fonctionnaires de
diverses administrations. Ainsi encore, MM. D. Chenne-

vière et fils livrent au commerce de la nouveauté commune qui, par son bas prix, ne redoute presque pas de
concurrence. Enfin, toutes les fois que le gouvernement
a jugé convenable d'étendre ses fournitures de draps pour
soldat au delà des quantités concédées aux fournisseurs
titulaires, la fabrique de Louviers en a pris sa part, qui
a été généralement livrée dans de bonnes conditions.
Elle s'est même chargée des couleurs de distinction (jon-
quille, écarlate, blanc, etc.), qui offrent de sérieuses
difficultés de fabrication.

Bien qu'elle n'emploie pas, comme elle pourrait le
faire, toutes les ressources naturelles dont elle dispose,
la fabrique de Louviers est, à tous les points de vue,
placée dans des conditions qui lui permettent de s'accroître et de prospérer.

Elle compte un grand nombre de filatures, situées dans
la ville et les environs; elle dispose d'une puissante force
motrice qui, bien qu'employée en partie à travailler à
façon pour Elbeuf, n'en constitue pas moins un précieux
élément de vitalité qu'elle trouvera le jour où elle voudra
l'utiliser exclusivement pour son compte. Elle possède
une population de 6,000 ouvriers environ, auxquels il
faut ajouter 2,000 tisserands de la campagne, vaillante
réserve qui, vouée au culte des saines traditions de travail, se distingue par une aptitude particulière aux plus
délicates opérations du tissage. Sous le rapport de l'outillage, la ville de Louviers possède toutes les machines
nouvelles et est pourvue des procédés de fabrication les
plus perfectionnés. Il est vrai de dire que les métiers
mécaniques ne sont encore employés que dans quelques
établissements et seulement pour les draps unis, leur application aux tissus façonnés n'ayant pu avoir lieu jusqu'à

présent dans des conditions économiques qui la rendent possible. Mais cette particularité s'explique par les habitudes de réserve que nous signalions tout à l'heure. On conçoit, en outre, que, avant d'introduire dans leurs ateliers des machines qui coûtent fort cher, des manufacturiers, très-éclairés d'ailleurs et d'une habileté éprouvée, attendent qu'elles aient fait leurs preuves et aient ainsi reçu la sanction de l'expérience.

La fabrique de Louviers doit trouver enfin des éléments assurés de succès dans l'intelligente ardeur dont sont animés la plupart de ses fabricants, dans le soin qu'elle apporte à conserver sa vieille réputation de loyauté et à maintenir la bonne qualité de ses produits tout en multipliant les ressources de sa production. Elle dédaigne d'user des moyens excessifs employés en Angleterre et en Belgique dans le but de produire à bon marché. Aucun de ses fabricants n'emploie la matière qui, sous le nom de *renaissance*, a été introduite depuis quelque temps dans l'industrie des draps. On appelle ainsi un résidu de tous les vieux tissus de laine qui, traités par une composition chimique, sont nettoyés de leurs impuretés, réduits à l'état apparent de laine nouvelle et employés par la filature dans une proportion plus ou moins considérable avec de la laine neuve, pour être ensuite transformés en tissus. Les draps produits avec ces résidus peuvent avoir de l'apparence, mais ils n'ont aucune qualité sérieuse et sont d'un mauvais usage.

La fabrique de Louviers n'emploie pas non plus de coton, quoique de nombreux essais, dirigés avec intelligence, aient été faits dans le but de le mêler utilement à la laine pour la fabrication de certains tissus. La consommation se refuse obstinément à l'emploi de la *mixture*. Louviers.

se contente parfois d'employer ses propres déchets, ce qui ne se faisait pas jadis.

C'est dans ces conditions que la fabrique de Louviers a pris part à l'Exposition de Londres. Elle y comptait douze représentants, et l'ensemble de leurs produits résumait tous les genres en draperie unie ou façonnée, en nouveautés fines ou moyennes.

Si les tissus lisses ne sont plus aujourd'hui le produit exclusif de notre industrie drapière, leur fabrication est cependant très-active encore et très-florissante. Nous n'en voulons pour preuve que les articles en ce genre exposés par MM. Jeuffrain père et fils, Raphaël Renaut et Cie, Poitevin père et fils et Ch. Poitevin.

MM. Jeuffrain père et fils, qui dirigent à Louviers une des maisons les plus anciennes et les plus justement considérées, appartiennent à cette petite phalange de fabricants d'initiative qui ont, au prix de nombreux sacrifices, introduit dans leurs ateliers l'usage des machines les plus nouvelles pour leur demander, dans le présent, le moyen de satisfaire plus vite et à meilleur marché les besoins de la consommation; pour s'en faire, dans l'avenir, de puissants auxiliaires contre la concurrence des produits étrangers. Ils ont exposé, entre autres, des satins élastiques en noir et bleu d'une exécution supérieure, des édredons et des draps divers établis dans de remarquables conditions de qualité et de bon marché.

A côté de ces fabricants, nous signalons en première ligne la maison Raphaël Renaut et Cie, de date toute récente, mais qui, sous l'influence d'une direction progressive dans toute l'acception du mot, s'est conquis tout d'abord une place exceptionnelle dans notre industrie drapière par l'importance de ses affaires, sa puissante organisation et son outillage, un des plus complets qui existent à Louviers. Cet établissement est le seul qui réunisse toutes les opérations de la fabrication des draps, depuis la teinture jusqu'aux derniers apprêts. On y trouve les machines les plus perfectionnées et les plus modernes, et surtout ces métiers mécaniques dont l'emploi a, jusqu'à présent, rencontré d'invincibles résistances de la part de presque tous nos fabricants. Mais MM. Raphaël Renaut et Cie ne doivent pas l'estime dont ils jouissent seulement à leur entrain dans les affaires, à l'ampleur d'idées qui préside à leurs entreprises. Le rang distingué qu'ils occupent est dû aussi au soin dont ils font preuve dans toutes les branches de leur fabrication et au mérite de leurs produits. Ces caractères se retrouvent à un degré très-remarquable dans les satins élastiques et les articles pour paletots qu'ils ont envoyés à l'Exposition. Nous les avons signalés aussi dans leurs draps pour fournitures militaires, spécialité dans laquelle ils ont fait preuve d'une habileté hors ligne, et qui leur a valu, sur ce point, une réputation méritée.

MM. Poitevin et fils, dignes héritiers d'un nom honorable dans la fabrique de Louviers, ont exposé une intéressante collection d'articles en draperie fine, unie ou façonnée, en nouveautés d'été, épinglés, waterproofs, draps de livrée et de voitures, diagonales, etc. La plupart de ces genres sont établis dans des conditions de bon marché qui leur assurent un débouché facile. Ils sont cotés de 11 à 18 fr.

Il en est de même de M. Ch. Poitevin, qui, aux prix de 10, 12 et 15 fr., établit dans de bonnes conditions de fabrication des articles variés dont les spécimens ont figuré dans son exposition particulière. Ce sont des épinglés, des tricots, des diagonales, des velours, etc.

Notre exposition de draps n'était pas moins intéressante à étudier au point de vue des tendances nouvelles dont s'inspire l'industrie de Louviers et la pousse à prendre une place de plus en plus importante dans la fabrication des tissus de fantaisie. Elle comptait en ce genre huit exposants, dont les produits ont démontré qu'elle avait été heureusement inspirée en modifiant ses habitudes, et que, pour certains articles, elle ne craint pas la concurrence de fabriques qui se sont fait de ce genre une véritable spécialité.

C'est ce que nous avons pu constater surtout en examinant les nouveautés fines de M. Ch. Dannet, à qui Louviers doit, en grande partie, l'heureuse révolution qui s'est accomplie dans notre industrie drapière. Cet habile manufacturier n'a pas été seulement un des promoteurs les plus convaincus de cette féconde innovation. Avec l'intelligent concours de M. Gontier, son associé, il s'est attaché sans relâche à étendre le cercle de ses opérations; il a trouvé des créations nouvelles qui, recherchées du commerce, lui ont valu la réputation distinguée dont il jouit depuis longtemps et que consacre l'expérience de chaque jour; il a, enfin, et malgré les difficultés que lui suscitait la résistance des préjugés locaux, fondé une véritable école de jeunes fabricants qui marchent aujourd'hui sur ses traces et, après avoir été ses élèves, sont déjà presque ses rivaux.

En rendant ce service à la fabrique de Louviers, M. Ch. Dannet ne faisait que continuer les traditions de dévouement et d'esprit d'initiative qui sont comme le patrimoine de la maison qu'il dirige avec tant de succès. Son père,

après avoir, pendant de longues années, partagé la mauvaise fortune et les souffrance de notre industrie drapière,
fut, en 1832, un des quelques fabricants courageux qui,
confiants dans leur étoile, osèrent tenter la résurrection
de Louviers et ont ouvert pour la cité déchue une ère
nouvelle d'indépendance et de prospérité. C'est en s'inspirant de tels exemples que M. Dannet s'est élevé, à
force de persévérance et de travail, au premier rang
de notre industrie drapière et qu'il a pu devenir un de
ses représentants les plus distingués à l'Exposition de
Londres.

M. Ch. Dannet, qui fabrique tout particulièrement des
étoffes pour pantalons, a exposé une très-belle collection de
nouveautés fines d'été et d'hiver représentant l'ensemble
des genres qu'il fabrique et des créations dont il a la
spécialité. Tous ces spécimens se distinguent par la supériorité de l'exécution, le bon goût et la variété des dispositions. Nous avons compris en les examinant le succès
qu'ils obtiennent en général sur le marché de Paris.

Dans la nouveauté fine, nous devons signaler aussi
comme produits d'un mérite sérieux les articles d'été
et d'hiver qu'a envoyés M. H. Gastine et qui nous ont
présenté les caractères d'une fabrication intelligente et
soignée.

La nouveauté intermédiaire est représentée par M. Constant Nouflard, fabricant d'avenir, qui a exposé entre
autres des articles d'été bien faits, variés de dessins,
marqués au coin du bon goût et de la distinction; par
MM. Penelle et Bertin, Remy et Picard, Pellier et Trubert, Breton et Barbe, dont les expositions étaient com-
posées principalement d'articles pour pantalons formant
un ensemble satisfaisant; enfin par M. Brugnière, qui s'est

fait une spécialité d'un drap genre anglais, appelé *cheviot*,
dont le principal mérite est son bon marché, qui en fait
un objet de grande consommation.

Les fabricants de Louviers qui ont pris part à l'Exposition de Londres avaient figuré déjà dans les grands concours de l'industrie, et ils avaient valu à notre industrie
drapière de nombreux et honorables encouragements.
Mais nous ne voulons que rappeler ici les récompenses
qu'ils ont obtenues à l'exposition universelle de Paris,
en 1855.

Des médailles de première classe ont été décernées à
MM. Dannet et Cie, Poitevin et fils, Jourdain et fils. Une
médaille de seconde classe avait été accordée à MM. Marcel
et Raphaël Renaut. Nous ne devons pas oublier, enfin,
qu'après l'exposition régionale de Rouen M. Ch. Dannet
a, sur la proposition de M. le préfet de l'Eure, obtenu la
plus haute distinction que puisse ambitionner un industriel. En récompense des services qu'il a rendus à l'industrie des draps, l'Empereur lui a donné la croix de
chevalier de la Légion d'honneur.

L'Exposition de Londres a été pour la fabrique de
Louviers l'occasion de nouveaux succès. Des médailles
de prix ont été décernées à MM. Dannet et Cie et Jeuffrain
père et fils. Mais nous croyons être l'interprète du sentiment général en exprimant le regret de n'avoir pas vu,
à côté de ces deux noms, celui d'un fabricant d'une
remarquable aptitude industrielle, et que son mérite
exceptionnel semblait désigner tout particulièrement à
l'attention du jury.

CLASSE XXIII. — *Spécimens de teinture et d'impression*

—

MM. DALIPHARD-DESSAINT et Cie, à Radepont : tissus de coton imprimés

L'industrie de l'impression des tissus est originaire de l'Inde, où on l'appliquait autrefois sur des étoffes de fabrication indigène, et c'est à cette circonstance qu'est dû le nom d'*indienne*, que nous avons donné à nos toiles de coton imprimées.

Ce n'est guère qu'à la fin du xviie siècle et au commencement du xviiie que cette industrie a pris un certain développement en Europe, où elle a été d'abord confinée dans quelques cantons de la Suisse. Elle est restée longtemps stationnaire et peu florissante à cause de l'imperfection des procédés, de l'augmentation toujours croissante de la main-d'œuvre (toutes les impressions se faisant à la main), et par suite des difficultés qu'éprouvaient les indienneurs à s'alimenter des matières premières dont ils avaient besoin.

Mais, depuis moins d'un demi-siècle, cette industrie a pris un large essor, grâce à un heureux concours de circonstances qui ont multiplié les ressources de sa production et, en lui permettant de travailler dans des conditions économiques jusqu'alors irréalisables, ont ouvert à ses produits des débouchés plus certains. Il faut citer, à ce titre, les progrès de la chimie industrielle, les perfectionnements apportés dans l'art de la gravure des cylindres imprimeurs, les incessantes améliorations réalisées dans la filature et le tissage du coton, et surtout l'emploi des procédés mécaniques substitués à l'impression à la main, beaucoup trop lente et trop coûteuse.

En France, les deux principaux centres de production pour l'industrie de l'impression sur cotonnades sont l'Alsace et la Normandie. La première possède à Vesserling et à Munster, dans les Vosges, des établissements d'une importance hors ligne, et dont les produits, outre les qualités de fabrication qu'ils doivent à l'habileté traditionnelle de leurs ouvriers, sont établis dans des conditions particulières de bon marché.

La Normandie, qui a eu longtemps la spécialité des tissus en fils teints connus sous le nom de rouenneries, se livre aujourd'hui sur une grande échelle à la production des tissus imprimés et compte un assez grand nombre d'indienneurs distingués. Mais, nous pouvons le dire avec un juste sentiment d'orgueil, la première place parmi ces industriels d'élite appartient à MM. Daliphard-Dessaint et Cie, de Radepont-sur-Andelle.

Leur établissement produit toutes les variétés d'indiennes composant l'ensemble des genres qui se font en Normandie. Il imprime dans des conditions presque spéciales les tissus d'ameublement pour rideaux et tentures, et ces articles se recommandent par des qualités de composition, de coloris et de teint qui leur permettent de lutter contre les meilleurs produits parmi leurs similaires. Leurs dispositions, habilement conçues et variées avec intelligence, embrassent depuis les genres les plus anciens jusqu'aux types les plus modernes. MM. Daliphard et Cie produisent aussi, dans des conditions d'activité toujours croissante, les impressions pour robes, soit en articles courants, soit en grande nouveauté à plusieurs

9

couleurs, et ils savent leur donner, sous le rapport de la variété du dessin, de l'éclat et de la fixité des nuances, un cachet de supériorité qui explique l'empressement avec lequel ils sont recherchés sur le marché de Rouen, leur principal débouché. C'est ainsi que, par les soins consciencieux apportés à tous les détails de leur fabrication, par les efforts incessants qu'ils font pour améliorer leur matériel, perfectionner leurs procédés et créer des dispositions nouvelles, MM. Daliphard-Dessaint et Cie ont donné à leur manufacture un développement considérable et se sont placés au premier rang de l'indiennerie normande.

La fabrique de Radepont occupe plus de quatre cents ouvriers. Elle possède un puissant outillage qui résume tous les perfectionnements sanctionnés par une pratique sérieusement progressive ; une force motrice de soixante-dix chevaux, dont quarante-cinq fournis par trois machines à vapeur et vingt-cinq chevaux hydrauliques. En 1855, lors de l'exposition de Paris, elle produisait annuellement environ 75,000 pièces d'indienne mesurant 90 mètres. Depuis cette époque, sa production s'est sans cesse accrue et, en 1861, elle a fourni à la consommation plus de 100,000 pièces mesurant, en moyenne, 95 mètres et représentant une valeur de cinq millions six cent mille francs. Et, ce qui permet d'apprécier mieux encore l'intelligente direction imprimée à cet établissement en même temps que sa puissante organisation, malgré la redoutable crise que traverse en ce moment notre industrie cotonnière, MM. Daliphard et Cie sont parvenus à maintenir leur fabrication en pleine activité et leur production à son niveau habituel, ce qui leur a permis d'occuper constamment leurs ouvriers.

MM. Daliphard-Dessaint et Cie ont obtenu à l'Exposition
de Londres un succès d'autant plus significatif qu'ils n'y
avaient envoyé que des spécimens d'impressions, représentant fidèlement l'ensemble de leur fabrication courante et leurs produits tels qu'ils les livrent au commerce.
Ils n'avaient pas cru devoir, pour cette circonstance,
établir à grands frais des dispositions inédites et de fantaisie. Ils ont pensé que, pour répondre complétement au
but qu'on s'est proposé en instituant ces grands concours
internationaux, ce qu'ils avaient de mieux à faire était
de soumettre à l'appréciation du jury les genres qu'ils
font habituellement et les produits de leur fabrication
journalière. Tous les tissus imprimés qu'ils ont fait figurer
au palais de Kensington étaient des articles à bon marché
et de grande consommation. C'est là un mérite de plus à
ajouter à ceux qui ont donné un intérêt si légitime au
contingent des habiles indienneurs de Radepont.

Leur exposition comprenait un assortiment complet
d'impressions en tous genres pour meubles et en articles
pour robes. Leurs spécimens pour rideaux et tentures
résument au plus haut point les progrès que l'indiennerie
a faits en France, sous le rapport de l'originalité et de
l'élégance des dispositions, de la coquetterie et de l'éclat
de l'enluminage. Ce qui les distingue surtout, c'est le bon
goût du dessin, la netteté de l'impression, la pureté, le
brillant et l'harmonie des couleurs, la qualité de l'apprêt;
c'est enfin l'ensemble des soins qui président à leur production et leur donne, aussi bien au fond que dans la
forme, le cachet de bonne et solide fabrication qui les
distingue. Nous avons signalé les mêmes qualités dans
leurs toiles imprimées pour robes. Ils en ont exposé un
grand nombre de pièces, choisies de manière à faire

apprécier les divers genres qu'ils traitent couramment et la variété de leurs dispositions. Tous ces articles, en général sobres d'enluminures, étaient remarquables sous le rapport de leur sérieuse exécution et de la qualité du teint. Quelques-uns nous ont paru mériter une attention toute particulière au point de vue de la distinction du dessin, en même temps que de la correction et de l'éclat du coloris.

La fabrique dirigée par MM. Daliphard-Dessaint et Cie ne date que de 1822 ; mais elle a déjà un glorieux passé riche des nombreuses récompenses qui lui ont été décernées dans les divers concours industriels auxquels elle a pris part. Ainsi, elle a obtenu une médaille d'argent et un rappel de cette médaille aux expositions nationales de 1844 et de 1849 ; elle a été honorée d'une médaille de deuxième classe à l'exposition universelle de 1855 ; à l'exposition régionale de Rouen, où elle eût compté un triomphe de plus, ses produits ont été mis hors concours, parce que le chef principal de la maison, M. Modeste Daliphard, était membre de la Société libre d'émulation du commerce et de l'industrie de Rouen, sous les auspices de laquelle avait été organisée ce concours. Enfin, à l'Exposition de Londres, MM. Daliphard-Dessaint et Cie ont obtenu la médaille de prix, comme consécration nouvelle du rôle important qu'ils jouent dans leur industrie.

CLASSE XXVI. — *Cuirs et objets de sellerie*

—

L'industrie des cuirs est une des plus importantes de notre département. Elle y compte plusieurs établissements de premier ordre qui, dans les différents concours auxquels ils ont pris part, ont fait preuve d'une supériorité réelle sur la plupart de leurs concurrents au point de vue soit du perfectionnement des procédés de tannage, soit de l'habileté avec laquelle sont traités leurs cuirs corroyés ou façonnés.

Nous nous rappelons le rôle considérable joué à l'exposition universelle de 1855 par les produits de M. Plummer, qui a le premier importé en France la fabrication des cuirs vernis pour la sellerie et la carrosserie, et s'est acquis en ce genre une réputation que l'Angleterre elle-même nous envie. Nous n'avons pas oublié non plus quelle place honorable nos tanneurs et nos corroyeurs ont occupée à l'exposition régionale de Rouen. On devait espérer que ces souvenirs glorieux seraient, pour notre industrie des cuirs, une sorte de noblesse qui lui imposerait le devoir de figurer à l'Exposition de Londres dans des proportions en rapport avec son importance et l'activité de sa production. Malheureusement il n'en a pas été ainsi. Pour des raisons qu'il ne nous appartient pas de rechercher, la plupart de nos fabricants en ce genre se sont abstenus, et une industrie qui devait entrer pour une large part dans notre contingent départemental n'a compté, au palais de Kensington, que deux représentants : MM. Bunel frères, de Pont-Audemer, et la maison Ogerau père et fils, de Vernon.

MM. Bunel frères, à Pont-Audemer : cuirs forts pour semelles; cuirs pour harnais, peaux de cochon, etc.

L'établissement de MM. Bunel, à Pont-Audemer, a été fondé en 1833. Depuis cette époque, et sous l'influence d'une direction sagement progressive, il a vu s'élargir incessamment le cercle de ses opérations, et il est arrivé aujourd'hui à un degré de prospérité qui témoigne de l'intelligente persévérance avec laquelle il est conduit dans la voie des améliorations.

Ne pouvant, par leur position, rester étrangers à aucune suggestion de l'esprit de progrès, MM. Bunel frères ont fait des essais de tannage à l'aide de moyens chimiques, ayant pour but principal d'abréger le temps exigé pour la préparation des cuirs. Et comme ils ne s'inspiraient que d'intentions sérieuses, comme ils voulaient s'éclairer par des faits décisifs, ils ont eu soin d'expérimenter seulement les procédés qui se recommandaient d'autorités scientifiques éprouvées. Mais, ainsi que cela est arrivé à la plupart de ceux qui les ont précédés dans cette voie, ils ont dû renoncer à ces procédés expéditifs dont aucun n'a donné de résultat satisfaisant. L'expérience a démontré, en effet, que les cuirs tannés à l'aide d'agents chimiques sont ou énervés ou secs et cassants; qu'ils ne sauraient, enfin, être d'un bon usage à l'emploi. MM. Bunel, convaincus de cette vérité pratique, sont revenus définitivement à l'ancien système de tannage, c'est-à-dire au séjour de quinze à dix-huit mois dans les fosses, comme au seul mode de préparation des cuirs pouvant remplir, au double point de vue de la qualité et du rendement, le but que doit se proposer tout fabricant sérieux.

Ne pouvant compter sur les secours des artifices de la science, MM. Bunel ont demandé l'amélioration de leurs produits au bon choix des matières premières, au perfectionnement de leur outillage, et surtout aux soins consciencieux qui président à tous les détails de leur fabrication. C'est ainsi que leur maison est devenue, par suite de l'extension continuelle de ses affaires, une des plus importantes de la Normandie, qui compte tant d'établissements remarquables en ce genre.

L'élément principal de la fabrication des frères Bunel est la production des cuirs forts pour semelles, dits *jusés*. Leurs articles en ce genre se recommandent par une perfection de tannage qui les place au premier rang parmi tous leurs similaires et explique l'empressement avec lequel ils sont recherchés du commerce. Ces messieurs s'occupent aussi très-activement de la fabrication des cuirs corroyés pour sellerie, et, là encore, on retrouve le cachet de travail intelligent et soigné qui assure à l'ensemble de leurs produits une incontestable supériorité. Enfin ayant dû, pour répondre aux besoins toujours croissants de leur clientèle, monter, sur les bords de la Risle, une nouvelle et importante usine, ils y ont établi un moulin à tan. Cette adjonction a eu le double avantage de leur fournir une nouvelle garantie de succès pour les opérations de tannage, en même temps qu'elle les mettait à même de lutter avec succès contre la concurrence étrangère en réalisant une notable économie dans la préparation de leurs cuirs.

L'ensemble des fabrications diverses que nous venons

de signaler, et dont s'occupe tout spécialement M. Auguste Bunel, exige le travail courant de quarante-cinq à cinquante-cinq ouvriers. Le produit annuel est représenté par un chiffre de 7 à 900,000 francs d'affaires.

MM. Bunel ont envoyé à Londres des spécimens de tous les genres qu'ils fabriquent. Et ils les ont choisis de manière à ce que, tout en représentant l'élite de leurs produits, ils ont du moins le mérite d'être l'expression exacte et sincère de leur production courante. La collection qu'ils formaient a été une des plus complètes, des plus remarquables que la classe des cuirs comptait au palais de Kensington. Elle se composait :

1° De cuirs forts, dits *jusés*, pour semelles, ne laissant rien à désirer sous le rapport de la perfection du tannage, de la beauté et de la fermeté du grain ;

2° D'un assortiment de cuirs noirs pour harnais, de cuirs jaunes et brunis de diverses nuances, pour articles de sellerie, tels que brides, guides, étrivières, etc. ;

3° D'une vache brune lisse pour articles de chasse, banderoles de carnier, bretelles, fourreaux de fusils, etc. ;

4° Enfin, d'un cadre contenant divers échantillons d'un produit auquel Pont-Audemer doit en partie sa réputation, nous voulons parler des peaux de porcs préparées pour garnitures de selles.

Tous ces spécimens se recommandaient par une qualité commune, que l'on pourrait appeler originelle : c'est l'excellence de leur tannage. Si ce mérite était plus facilement appréciable dans les cuirs en croûte, on pouvait le signaler aussi comme un des éléments nécessaires de la bonne confection des cuirs corroyés. Ceux-ci se distinguaient par le soin apporté à leur finissage, par leur degré remarquable d'homogénéité, par leur contexture à la fois

souple et nerveuse, caractères qui sont particulièrement
recherchés des bourreliers, selliers, harnacheurs et
fabricants d'articles de chasse. Quant aux peaux de
porcs, elles justifiaient, par la délicatesse de leur préparation et la beauté du corroyage, la réputation que
MM. Bunel frères se sont acquise en ce genre, devenu
pour eux une spécialité dans laquelle ils n'ont pas de
rivaux.

Cette supériorité n'est pas un fait nouveau. Elle a été
constatée déjà lors de l'exposition universelle de Paris,
où MM. Bunel frères ont obtenu une médaille de première
classe « pour la bonne préparation de leurs porcs, de
leurs cuirs à sellerie et à semelles ». Depuis cette époque,
et encouragés par cette haute marque de distinction, ces
industriels ont amélioré leur fabrication, perfectionné
leurs produits; ils se sont élevés enfin bien au-dessus du
niveau où ils se trouvaient en 1855, et ils pouvaient
espérer qu'il leur serait tenu compte des efforts qu'ils
n'ont cessé de faire pour l'honneur de leur industrie.
Cette espérance a été déçue. Le jury international de
1862 n'a pas cru devoir sanctionner le jugement de celui
de 1855; il n'a accordé à MM. Bunel qu'une mention
honorable.

MM. Ogerau père et fils, à Vernon : cuirs pour chaussures;
peaux de mouton chamoisées; cuirs pour sellerie

MM. Ogerau père et fils, qui ont partagé avec MM. Bunel
la mission délicate de représenter notre industrie des cuirs
à l'Exposition de Londres, se sont montrés dignes de cet
honneur et de la solide réputation dont ils jouissent dans

toutes les branches de leur fabrication. Si leur maison n'est pas, en effet, d'ancienne date dans le département, elle est une des plus considérables et des plus estimées pour l'importance de ses affaires et pour la qualité de ses produits.

M. Ogerau père, qui en est le chef principal, a débuté en 1830 dans la tannerie parisienne, et il était parvenu, en peu de temps, à s'y faire une place distinguée par son aptitude et les soins consciencieux qu'il apportait à toutes ses opérations. Pendant quinze ans, il a été fermier de l'usine de Montpensier, qu'il alimentait avec les écorces de la forêt de Randon. Après la mort de Madame, sœur du roi Louis-Philippe, à laquelle appartenait cet établissement, et son bail étant expiré, M. Ogerau père est venu fonder à Vernon l'usine qui est devenue depuis une des plus importantes du département.

Plusieurs circonstances ont contribué à son développement. Elle est située au centre d'un pays forestier qui lui assure en abondance et à des conditions avantageuses l'approvisionnement d'écorces nécessaire à son exploitation. Sa proximité du chemin de fer et de la Seine la met en rapport presque immédiat avec le marché de Paris pour la consommation directe, et avec le Havre pour l'exportation. Enfin, elle possède l'outillage le plus complet et emploie les procédés de fabrication les mieux éprouvés par l'expérience pratique.

Sous l'influence de ces causes diverses de prospérité, l'usine de Vernon a pris une extension considérable, et M. Ogerau père, pour ouvrir un débouché nouveau à ses produits, a dû fonder depuis plusieurs années, à New-York, une succursale d'où la majeure partie de ses articles ont trouvé un écoulement facile en raison de la légitime réputation de leur marque. L'établissement principal peut occuper quatre cents ouvriers, mais, par suite de la crise américaine, il n'en compte aujourd'hui que deux cents ; et il n'est pas probable que ce nombre augmente tant que les affaires des États-Unis n'auront pas une solution favorable.

Comme tous les grands établissements du même genre, l'usine de Vernon prépare elle-même les cuirs qu'elle emploie. Elle a même envoyé des spécimens de tannage accéléré qui peuvent être classés parmi les mieux réussis qui aient été obtenus par ce procédé. Mais c'est surtout au point de vue du tannage ordinaire que les articles qu'ils ont exposés à Londres sont marqués au coin d'une exécution véritablement parfaite. Nous avons pu nous en convaincre en examinant leurs cuirs forts pour semelles, leurs veaux en croûte, et surtout leurs cuirs noirs ou jaunes pour sellerie. Ces derniers sont, pour le fini du travail, la fermeté de la chair et leur netteté, de vrais chefs-d'œuvre de corroirie.

L'usine de Vernon a exposé aussi des peaux de porcs très-bien traitées pour garnitures de selles, et des peaux de moutons chamoisées qui, pour la douceur et la souplesse, peuvent lutter avec les meilleurs produits des fabriques qui travaillent spécialement cet article.

Le mérite exceptionnel dont M. Ogerau a fait preuve dans sa longue carrière est attesté par les nombreuses récompenses dont il a été honoré dans les divers concours auxquels il a pris part. Pour son début, il a obtenu la médaille d'or à l'exposition nationale de 1839, et, à la suite de celle de 1844, il a été nommé chevalier de la Légion d'honneur. A l'exposition universelle de 1855, le jury international lui a décerné la médaille de première classe. Enfin, il a, pour prix de ses efforts persévérants dans la voie du progrès, obtenu la médaille à l'Exposition universellle de Londres.

Classe XXXI. — *Quincaillerie; ouvrages de métaux communs*

—

M. Chauvel, manufacturier à Navarre : objets de cuivre, dés à coudre, anneaux, boucles, charnières, cosses pour la marine, feuilles de laiton

Les produits exposés à Londres par M. Chauvel étaient éminemment dignes d'intérêt au point de vue de l'importance qu'a prise leur fabrication et des conditions de bon marché qui en font autant d'objets de grande consommation, Mais ils se recommandaient pour nous à un titre tout particulier : ils représentaient une industrie spéciale à notre département et dans laquelle l'usine de Navarre n'a de rivale ni en France ni à l'étranger.

Cette industrie qui, comme nous allons le voir, n'embrasse qu'un nombre très-limité de produits, a pour centre le plus actif l'Allemagne, cette terre classique des fabrications usuelles et pour ainsi dire populaires par leur destination. C'est en 1841 que l'usine de Navarre a été fondée par M. Bouillant, à qui revient l'honneur d'avoir doté la ville d'Évreux d'un établissement qui fut un bienfait pour elle en assurant du travail à une partie de sa population ouvrière et en prouvant qu'elle pouvait, sous l'influence d'une féconde initiative, devenir un foyer important d'activité industrielle.

Malgré ces circonstances favorables, M. Bouillant eut à lutter, dès le début, contre des obstacles de différente nature, dont il n'a triomphé qu'à force de persévérance et d'énergie. Mais il ne lui suffisait pas d'avoir ouvert pour sa cité d'adoption une source nouvelle de travail et de prospérité. Le fondateur de l'usine de Navarre voulait la placer dans des conditions où elle n'eût rien à redouter de la concurrence française ou étrangère. Pour atteindre ce but, il comprit que le plus sûr moyen était de perfectionner, de compléter son outillage jusqu'alors imparfait et défectueux. Il s'est attaché sans relâche à l'améliorer et, avec l'aide de M. Chauvel, son associé, qui fut depuis son successeur, il est parvenu à constituer un établissement unique sous le rapport de son organisation matérielle, de l'ensemble des opérations qui s'y exécutent et de l'importance de ses affaires.

Ce qui distingue l'usine de Navarre et lui donne un cachet particulier, c'est qu'elle produit non-seulement les articles divers qu'elle livre au commerce, mais aussi tous les objets dont elle a besoin pour sa propre fabrication. Ainsi, elle contient une fonderie établie d'après les meilleurs procédés connus et des laminoirs qui font subir au cuivre les opérations préparatoires par lesquelles il doit successivement passer pour arriver à l'état où il est employé.

L'usine possède, en outre, une forge et un atelier de construction où sont fabriqués, sur les modèles fournis par la direction, tous les outils dont elle a besoin, les machines inventées ou perfectionnées pour elle seule, depuis les pièces les plus élémentaires jusqu'aux organes les plus puissants, depuis le simple écrou jusqu'aux roues motrices et aux engrenages les plus compliqués. Enfin,

M. Chauvel, auquel revient une grande part dans ces améliorations, se propose d'ajouter à sa fabrique des fours d'affinage pour le cuivre rouge, dont le laminage tend à prendre une grande place dans son industrie.

L'outillage de l'usine de Navarre est un des plus complets qui existent dans ce genre de fabrication ; il y a quinze ans à peine, toutes les opérations qui s'y rattachent se faisaient à la main et avec l'aide d'instruments primitifs dont les résultats étaient aussi lents qu'incertains. Aujourd'hui, la plupart, même celle du piquetage des dés à coudre, s'accomplissent par des procédés mécaniques qui, en simplifiant la main-d'œuvre, ont créé des conditions particulières de production à bon marché auxquelles M. Chauvel doit en grande partie sa supériorité sur tous ses rivaux et le succès définitif de son établissement.

Mais ce qui distingue surtout cet outillage, c'est qu'il est, pour ainsi dire, le patrimoine de la fabrique dont il fait la fortune. Ainsi, toutes les machines qui fonctionnent, soit pour l'emboutissage ou le modelage des dés à coudre, soit pour le découpage ou le finissage des anneaux, soit pour le réglage ou le rabotage des charnières, etc., ont été créées de toutes pièces dans l'usine. Chacune d'elles est venue naturellement, à son heure, pour parer à une insuffisance bien constatée dans l'outillage, et surtout pour jouer un rôle nettement défini. Toutes ont été mûries par l'expérience de chaque jour, étudiées sans autre parti pris que celui de réaliser une amélioration utile : aussi sont-elles remarquables par leur simplicité, l'exactitude de leur fonctionnement et surtout par leur caractère de bonne et intelligente application pratique.

L'usine de Navarre occupe environ cent soixante ouvriers. Elle dispose, comme puissance motrice, d'une

force hydraulique de trente chevaux et d'une machine
à vapeur de vingt chevaux. Cette dernière n'est installée
qu'à titre de succédanée du moteur principal et ne
fonctionne que dans les cas de chômage d'eau.

L'industrie qu'exploite M. Chauvel est, comme nous
l'avons dit déjà, une spécialité qui n'embrasse qu'un
petit nombre de produits. Les principaux articles qu'elle
fabrique sont les dés à coudre et les anneaux pour rideaux.
Pour donner une idée de l'importance qu'a prise l'usine
de Navarre et de l'extension de ses affaires, il nous suffira
de dire qu'elle livre actuellement par année au commerce
de 80 à 100,000 grosses de dés à coudre, et environ
80 millions d'anneaux pour rideaux. Elle produit, en
outre, sur une grande échelle et comme articles de sa
fabrication courante, des charnières de cuivre pour la
quincaillerie et des boucles pour courroies, gilets, etc.
Tous ces articles sont exportés en Turquie, en Amérique,
etc., dans la proportion de 50 p. 100 au moins de la
fabrication.

Indépendamment de ses produits principaux, l'usine
de Navarre fond, sur modèles qui lui sont fournis, des
cuivres d'ornementation. C'est ainsi qu'elle moule des
statuettes, des figurines, des candélabres, etc., qui sont
livrés aux fabricants d'objets d'art et prennent une place
importante parmi les articles les plus recherchés du marché de Paris. M. Chauvel fabrique aussi des pièces de
cuivre que lui demande la marine par quantités considérables, telles que des cosses de navire, des fortes
charnières, etc. Enfin, ses laminoirs travaillent non-seulement le cuivre jaune ou rouge, mais aussi le zinc et le
plomb, qui, laminés, entrent pour une part dans la consommation de l'usine et sont, pour le surplus, vendus

pour les besoins d'autres industries. Ces métaux en feuilles sont, en général, travaillés avec soin et recherchés par le commerce.

Le cachet distinctif de l'usine de Navarre se retrouvait dans le choix des divers articles. qu'elle a envoyés à Londres, et cette circonstance nous a paru donner à son exposition un caractère d'intérêt tout particulier. M. Chauvel a compris, en effet, que si ses produits se recommandent par de sérieuses qualités de confection, leur principal mérite est d'être l'expression d'une industrie perfectionnée et complète embrassant tout l'ensemble des opérations diverses que subit la matière première qu'il emploie pour revêtir les formes multiples sous lesquelles il la livre à la consommation. C'est principalement à ce point de vue qu'il lui a semblé que l'usine de Navarre devait être représentée au palais de Kensington, pour que le jury pût en apprécier l'importance et la véritable signification.

Le cadre dans lequel il a groupé ses produits réunissait les spécimens de toutes les transformations par lesquelles passent le cuivre rouge et surtout le laiton travaillés dans sa fabrique. On y trouvait le cuivre à ses divers états : en minerai; sous forme de gueuses et de barres de première ou de seconde fusion; en feuilles, et enfin sous tous les types spéciaux qui constituent les produits de la fabrication courante de l'usine.

Comme spécimen principal de cette dernière transformation, nous avons remarqué une intéressante série de dés à coudre, destinés pour la plupart à des travaux usuels, depuis le type le plus simple, le plus rudimentaire, le dé pour tailleurs, jusqu'au dé argenté d'une confection finie et délicate dont se pare la ménagère aisée, surtout.

dans les pays d'exportation. La collection des produits
de l'usine de Navarre était complétée par des échantillons d'anneaux pour rideaux, diversement façonnés et
de toutes grandeurs, par des boucles à divers usages,
des charnières, des cosses pour navires, etc. Tous ces
spécimens nous ont paru marqués au coin d'une bonne
et consciencieuse fabrication, et ce mérite acquiert un
prix tout particulier de cette circonstance sur laquelle
nous ne saurions trop insister, c'est que ces articles sont
en même temps des produits à bon marché et des objets
de grande consommation, c'est-à-dire que la main-d'œuvre
y est réduite à son expression la plus simple et la plus
élémentaire.

Ce n'est pas la première fois que l'usine de Navarre
prend part aux grands concours internationaux inaugurés
en 1851. Elle a figuré honorablement à l'exposition universelle de 1855, où MM. Bouillant-Dupont et Cⁱᵉ ont été
honorés d'une mention honorable. Elle a été moins heureuse à Londres. Cela tient peut-être à ce que, par une
circonstance au moins malheureuse, le cadre renfermant l'exposition de M. Chauvel était placé à une hauteur qui le rendait presque introuvable et permettait
difficilement, en tous cas, d'apprécier les produits qu'il
renfermait.

————

MM. Cubain et Cⁱᵉ, à Courteilles, près Verneuil : cuivre laminé
et tréfilé

L'usine de Courteilles, dont les produits ont figuré à
l'Exposition de Londres, est une des plus importantes et
aussi des plus anciennes que compte l'industrie du cuivre

10

dans le département de l'Eure. Elle a été créée en 1816
et compte ainsi quarante-six ans d'existence. Mais elle a,
en outre, un titre tout particulier à notre intérêt. La
maison mère, établie en 1785 à Chandai (Orne), et dont
celle de Verneuil n'a été longtemps qu'une dépendance,
est le premier établissement en France qui ait été consacré à la fabrication du fil de laiton, pour laquelle nous
étions auparavant tributaires de la Prusse et de la Suède,
qui avaient le monopole de cette industrie.

C'est aussi en 1816, au moment où la Belgique fut
séparée de la France, que les fonderies fonctionnant à
Charleroi pour le service de la maison mère furent trans-
portées à Rouen, où l'établissement métallurgique eut
son siége principal jusqu'en 1860. A cette époque, l'exécution des chemins de fer qui doivent relier Verneuil à
Paris, à Rouen et au Havre ayant été résolue, M. Cubain,
qui avait succédé à M. Boucher fils, en 1849, dans la
direction de la fabrique, après avoir administré pendant
vingt ans la maison de Rouen, se décida à centraliser à
Courteilles, dans la vallée d'Avre, les établissements de
Chandai et de Rouen, et de réunir ainsi sur un seul point
tous les éléments de sa fabrication, pour leur donner
plus d'activité et de puissance.

La nouvelle maison est organisée dans des conditions
qui ne peuvent manquer d'en assurer le succès. Elle
dispose de quatre appareils hydrauliques et d'une machine
à vapeur produisant ensemble une force motrice d'au
moins cent chevaux, qui fait fonctionner les laminoirs,
les martinets et les tréfileries. Pour les opérations préparatoires par lesquelles doit passer le cuivre avant d'être
laminé, martelé ou tréfilé, l'usine est pourvue de fours
à fondre et à affiner marchant à la houille, et de fours à

recuire chauffés au bois, dont ils consomment plus de quinze mille stères par an.

L'ensemble des fabrications qui s'opèrent dans l'intérieur de l'établissement exige l'emploi de cent soixante ouvriers; quarante autres sont occupés à l'extérieur pour le service des exploitations agricoles et forestières. Et, qu'il nous soit permis de signaler ici quelques détails intimes qui témoignent de la sollicitude toute paternelle dont la direction est traditionnellement animée dans ses rapports avec ses employés, en même temps qu'ils peuvent servir à expliquer la prospérité toujours croissante de la fabrique. Deux des ouvriers qui y travaillent sont depuis cinquante ans dans la maison. Un grand nombre y comptent vingt-cinq, trente et quarante ans de services. Beaucoup d'entre eux, s'inspirant des exemples d'ordre et de travail qui leur sont donnés par les chefs, sont devenus, à force d'épargne, propriétaires de la maison qu'ils habitent. Tous, enfin, sont traités comme les enfants d'une même famille, et quand ils sont malades, la direction leur fait donner gratuitement les soins du médecin.

Les matières premières employées dans l'usine proviennent de Russie, d'Angleterre, d'Australie, des Amériques du Nord et du Sud et de la Bolivie. Quant à la production, elle a suivi constamment une marche ascensionnelle, et, depuis le commencement du siècle, le chiffre des affaires s'est plus que décuplé.

Tout en se modifiant selon la loi du progrès, l'usine de Courteilles est restée fidèle à son industrie d'origine. Elle est consacrée tout particulièrement à la tréfilerie du laiton; mais elle possède aussi, comme nous venons de le voir, d'autres éléments d'activité; et, sous ce rapport, l'exposition de MM. Cubain et Cie était, dans des conditions aussi complètes que satisfaisantes, le résumé exact de l'ensemble de leur fabrication. Elle comprenait :

1° En articles de tréfilerie :

Différents spécimens de fils de laiton pour la confection des épingles, des agrafes, des boucles, des chapelets, des chaînettes pour l'armée; de fils pour capsules; de fils carrés, mi-plats, ovales, triangulaires pour l'ameublement; de gros fils pour horlogerie, tringles de rideaux, chevilles de navires, etc. ;

Des fils de laiton très-fins pour toiles métalliques. Ces fils, pouvant se dorer ou s'argenter, sont employés également pour le tissage des ornements ou vêtements d'église. Deux des pièces exposées, pesant l'une 5 kilog., l'autre 7 kilog. 1/2, ont la première 20,000 et la seconde 32,000 mètres de longueur d'un seul bout. Elles ont été faites pour prouver la malléabilité presque infinie de la matière et la perfection des procédés de tréfilage usités aujourd'hui. Le dernier passage à la filière de la pièce de 32,000 mètres a duré six jours. Et, malgré ce prodigieux travail, on est parvenu néanmoins à conserver au fil la même grosseur du commencement à la fin, ce qui constitue une des grandes difficultés et aussi un des principaux mérites de ce genre de fabrication;

Une pièce de fil demi-rouge, contenant 10 p. 100 d'alliage pour 90 de cuivre, et pesant d'un seul bout 14 kilog. ;

Enfin, des fils fins en cuivre pur d'une exécution parfaite et destinés spécialement à la télégraphie volante. Après les avoir recouverts de gutta-percha, on les met en rouleau et, en raison de leur peu de volume, on peut porter facilement avec soi de quoi établir des lignes de 50 kilomètres et plus, ce qui rend l'emploi de ces fils très-avantageux pour établir instantanément des communications télégraphiques entre différents corps d'armée en campagne ;

2° En produits de laminage et de martelage :

Divers échantillons de cuivre très-pur propre à la fabrication du plaqué ; de paillon et de cuivre dit à cadran, le seul qui puisse supporter les opérations de l'émaillage, et dont la fabrication présente de très-grandes difficultés ;

Des feuilles de cuivre rouge et de cuivre jaune employées pour le doublage des navires ;

Plusieurs spécimens de laiton en feuilles d'épaisseur variable servant à la fabrication des plaques d'assurances, lampes, jouets d'enfants, tubes, dés à coudre, charnières, capsules, casques, caisses de tambours, anneaux de rideaux, plumes métalliques, *blancs* d'horlogerie, instruments de musique, mètres, etc.

Nous avons regretté que, par suite de l'exiguité de la place qui lui était accordée, M. Cubain ait été obligé d'entasser les uns sur les autres les divers objets qui ont figuré dans son exposition, et notamment de laisser en rouleaux tous ses cuivres laminés ou martelés. Malgré cette circonstance défavorable, ils formaient une collection très-intéressante sous le rapport et de la variété des produits et de l'excellence des procédés de fabrication. Nous avons remarqué particulièrement les pièces de laiton fin de 20 à 32,000 mètres de longueur, d'un seul bout, véritable chef-d'œuvre de tréfilerie ; une pièce de fil de cuivre pur de 175 kilog., d'un seul bout et d'un travail irréprochable ; des échantillons de cuivre en feuilles très-minces et finement traitées ; une magnifique feuille de 12 mètres de longueur sur 1 mètre de largeur, épaisse d'un millimètre et pesant 190 kilog., et une bande de cuivre de 100 mètres de longueur. Ces divers objets auraient seuls suffi pour faire apprécier le cachet de fabrication habile et consciencieuse qui distingue l'usine de Courteilles et pour lui mériter la distinction dont elle a été l'objet.

Les produits de la fabrique aujourd'hui centralisée à Courteilles ont figuré aux premières expositions nationales de 1802, 1809 et 1819, et y ont obtenu les principales récompenses. Depuis lors, elle n'avait plus exposé. En 1855, elle a pris part au grand concours international de Paris et a été honorée d'une médaille de première classe. Six fois elle a concouru ensuite à des expositions départementales, et six fois elle a obtenu le premier prix. Enfin, la supériorité de ses produits a été de nouveau constatée à Londres par le jury international, qui lui a décerné la médaille, et par la haute distinction dont l'a honorée l'Empereur en décernant la croix de chevalier de la Légion d'honneur à M. Cubain, dans la cérémonie de distribution des récompenses aux exposants français qui se sont le plus distingués à l'Exposition universelle de 1862.

CLASSE XXXVI. — *Tabletterie et dessin industriel*

——

M. E. CASSELLA, à Ézy (1) : peignes d'écaille et de corne

L'industrie des peignes est une de celles qui, pour l'importance de la fabrication et la supériorité toute locale

(1) Ateliers et magasins à Paris, boulevard de Sébastopol, n° 93.

de leurs produits, sont pour ainsi dire spéciales au département de l'Eure. Son centre principal est Ézy, dans le canton de Saint-André. Elle y compte plusieurs maisons importantes, y dispose d'un outillage des plus perfectionnés, et s'appuie sur une population ouvrière ayant une aptitude traditionnelle pour ce genre de fabrication.

Aussi devait-on espérer que cette industrie serait largement représentée à l'Exposition de Londres. Il n'en a pas été ainsi. Cinq fabricants avaient adressé au comité d'Évreux des demandes d'admission. Mais, est-ce par le fait d'éliminations prononcées par le jury, ce que nous nous expliquons difficilement? est-ce par suite d'abstentions de la dernière heure? toujours est-il qu'un seul de ces exposants présumés, M. Cassella, a pris part au concours international de Londres. Nous sommes heureux de pouvoir ajouter, du moins, que l'industrie d'Ézy ne pouvait se présenter sous de meilleurs auspices que ceux de cet honorable industriel.

M. Cassella a des ateliers à Paris pour le finissage et le polissage des peignes très-fins et pour la confection des articles de mode ou de haute nouveauté, et une usine à Ayonnax (Ain); mais son établissement principal est à Ézy, dans le canton de Saint-André, où il dispose d'une force motrice d'environ quinze chevaux, fournie par la rivière d'Eure. C'est une ressource précieuse, non-seulement parce qu'elle suffit pour mettre en mouvement toutes les machines de l'usine, mais en ce qu'elle permet à M. Cassella de louer une partie de sa force aux autres fabriques de peignes. Elle a surtout cet avantage de permettre la suppression de la plupart des roues mues à bras ou par le pied, et d'apporter ainsi une grande amélioration dans le travail si pénible des polisseuses, tout en augmentant la durée de leur journée et en donnant un plus beau résultat à meilleur marché.

La fabrique que M. Cassella dirige à Ézy est pourvue d'un outillage complet et aussi perfectionné que le comporte son industrie. Mais ce qui la distingue tout particulièrement, c'est qu'elle possède un atelier spécial pour la préparation et l'aplatissage de la corne débitée dans l'établissement. Ces opérations préliminaires, d'une importance capitale pour le bon emploi de la matière première, y sont traitées à l'aide de procédés mécaniques qui les rendent aussi simples, aussi sûres, aussi économiques qu'elles étaient auparavant compliquées, incertaines et coûteuses. Cette création n'est pas seulement une bonne chose au point de vue de l'intérêt de M. Cassella. Elle permet, en outre, à cet industriel de livrer toutes préparées aux autres fabriques les cornes dont elles ont besoin et de leur rendre ainsi d'utiles services.

En temps ordinaire, la fabrique de M. Cassella occupe de quatre-vingts à quatre-vingt-dix ouvriers et ouvrières. Mais, par suite de la crise américaine qui ferme à ses produits un de ses principaux débouchés, ce nombre se trouve réduit à soixante environ. Les peignes, qu'elle confectionne par quantités considérables, sont pour les trois quarts livrés à l'exportation. Elle trouve, en outre, très-facilement à placer ses déchets, dont une partie est vendue à l'agriculture, à qui elle fournit un engrais très-recherché dans certaines provinces de la France. Le reste est employé par les fabricants de produits chimiques, de boutons et de noir animal.

Les produits de cette importante fabrique peuvent, sous le rapport du bon marché, lutter contre ceux de toutes les autres fabriques du même genre. Au point de vue de la qualité, ils n'ont pas de rivaux. Nous avons pu nous en convaincre à l'Exposition de Londres, où l'industrie des peignes comptait de nombreux représentants et où il nous a été possible ainsi de comparer les articles envoyés par M. Cassella avec leurs similaires, non-seulement de France, mais aussi de l'étranger.

Pour faire apprécier l'ensemble de ses procédés industriels, M. Cassella a eu l'heureuse idée de placer dans sa vitrine une magnifique corne du Brésil, figurant *de visu* toutes les opérations par lesquelles passe la matière travaillée, depuis son état rudimentaire jusqu'à sa transformation la plus complète. Cette corne, mesurant 1 mètre 20 centimètres sous sa forme normale, avait été préparée et soumise à l'aplatissage par les moyens ordinaires employés dans l'atelier spécial d'Ézy. On y avait ensuite découpé vingt-deux peignes représentant tous les genres en articles courants, de formes et de couleurs différentes et à tous les degrés de fabrication. Ils avaient été enfin replacés dans la corne, aux divers points qu'ils y occupaient précédemment. A l'aide de ce véritable tableau synoptique, on pouvait embrasser d'un seul coup d'œil l'ensemble des opérations que subit la matière première et tout le chemin qu'elle parcourt pour arriver de l'état brut, représenté par la corne préparée et découpée, jusqu'au degré le plus complet de finissage qu'elle doit atteindre pour être livrée à la consommation.

L'exposition de M. Cassella réunissait les spécimens de toutes les variétés de peignes en corne et écaille provenant de sa fabrication courante, tels que peignes à retaper, à décrasser, etc. Tous ces articles de toilette ou de poche, bien que confectionnés par des procédés mécaniques, nous ont paru, sous le rapport du fini, supérieurs à tous ceux que les nations étrangères avaient exposés dans les mêmes types.

Nous avons remarqué avec un intérêt tout particulier des peignes en imitation de buffle et d'écaille, établis dans des conditions de travail économique qui permettent de les livrer à très-bon marché et en font, à ce titre, un objet très-recherché par le commerce d'exportation. Ces articles sont fabriqués avec une réduction de 25 p. 100 sur les prix ordinaires, grâce aux perfectionnements ingénieux qu'un mécanicien de mérite, M. Renout, a apportés dans la construction de l'outillage spécial à ce genre de fabrication et à la composition de la matière qu'on y emploie.

M. Cassella a exposé aussi une très-belle collection de peignes à chignon en écaille et en imitation d'écaille, provenant de sa fabrique d'Ézy, sauf quelques articles fins et de mode qui ont été découpés, sculptés et polis dans les ateliers de Paris spécialement consacrés à la confection des articles de luxe. Nous croyons devoir mentionner à un autre titre les produits communs de la fabrique d'Ayonnax. Ce sont surtout des peignes à chignon dits *fourchettes*, faits en onglon animal et pouvant être vendus à un bon marché que l'on peut appeler exceptionnel. Ces peignes, consommés en France, mais surtout à l'étranger, sont vendus couramment de 10 à 30 fr. la grosse ou les douze douzaines. Et, chose remarquable, ils sont fabriqués avec un soin consciencieux et dans des conditions de travail qui ajoutent encore à leur mérite au point de vue du bas prix auquel ils sont livrés à la consommation.

Le jury international a constaté le mérite des produits de M. Cassella en lui décernant la médaille de prix. C'est une distinction dont l'honneur rejaillit sur toute la fabrique d'Ézy et qui l'encouragera à maintenir les bonnes traditions de travail auxquelles elle doit sa prospérité, et qui, si elle le veut sérieusement, lui assureront dans l'avenir une prépondérance marquée sur toutes les industries du même genre, aussi bien en France qu'à l'étranger.

L'Exposition universelle de 1862 appartient aujourd'hui à l'histoire, qui lui assignera sa place parmi les grandes manifestations industrielles dont notre siècle a pris l'initiative. Notre rôle à nous n'était pas d'apprécier cette exhibition au point de vue de l'étude comparative des divers produits qui y ont figuré, des progrès généraux qu'elle a révélés, de l'influence enfin qu'elle devra exercer sur le mouvement d'expansion qui entraîne l'industrie dans la voie du perfectionnement et des découvertes utiles.

Nous avions à remplir une mission plus modeste.

Après avoir assisté au magnifique spectacle des innombrables produits entassés sous la double coupole du palais de Kensington, nous avons exposé sommairement nos impressions personnelles, mais sans prétendre leur donner le caractère d'un jugement définitif. Ce que nous avions à faire surtout, c'était de constater la part prise par notre département au concours international dont la dernière heure a sonné depuis plusieurs mois déjà, mais

dont le souvenir nous reste avec les précieux enseignements qu'il comporte et qui ne sauraient être perdus
pour nous.

Cette tâche, nous nous sommes efforcé de l'accomplir
de manière à atteindre aussi complétement que possible
le but que s'était proposé l'administration départementale.
En même temps que nous apportions le soin le plus consciencieux au compte rendu analytique des divers produits
exposés, nous nous sommes occupé tout spécialement des
industries elles-mêmes dont ces produits émanaient. Nous
avons présenté des considérations statistiques sur l'importance et les ressources de leur fabrication, sur les perfectionnements apportés à leur outillage, sur les titres
particuliers auxquels se recommandent ceux de nos
industriels qui ont représenté le département à l'Exposition de 1862.

Ce travail n'a pas eu, par suite du nombre relativement
restreint de nos exposants, toute l'ampleur que l'on aurait
pu désirer. Les causes particulières qui ont concouru à
amoindrir notre contingent ont été déjà indiquées; nous
n'y reviendrons pas. Mais le fait que nous signalons s'explique aussi par une considération d'ordre général dont il
importe de tenir compte, parce qu'elle tient à la nature
même des expositions universelles. En effet, à moins de
rêver pour les palais qu'on leur destine des proportions
fabuleuses, on ne pouvait raisonnablement espérer qu'il
dût y avoir au bazar de Kensington, si grand qu'il fût,
place pour tous les produits de notre industrie locale.

Elle a, sous ce rapport, subi la loi commune. Mais,
cette réserve admise, la part que les circonstances lui ont
faite a été assez belle encore pour que nous n'ayons pas
trop à nous plaindre. Et, ce qu'il faut constater avant

tout, le département de l'Eure a été assez favorisé du moins pour pouvoir suppléer au nombre des concurrents par le mérite des produits qu'il a exposés.

Quelques-uns de ses représentants se sont fait remarquer à des titres tout particuliers. Il nous suffira de citer : dans les industries spéciales, M. le docteur Auzoux, dont les préparations d'anatomie clastique se recommandent par leur savante originalité ; — dans la classe des découvertes utiles, M. Vouillon, l'inventeur du feutrage des fils de laine employés pour la fabrication des draps ; — dans la mécanique industrielle, M. A. Mercier, un des plus habiles pour la construction des machines qu'exige l'industrie lainière ; et combien d'autres noms nous pourrions citer encore dans la métallurgie, dans la classe des tissus, dans l'industrie des cuirs, etc. ! Mais cette énumération nous entraînerait à insister de nouveau sur des points qui ont été signalés déjà de manière à ne laisser aucun doute à cet égard.

S'il fallait d'ailleurs une sanction officielle au jugement qu'il nous a été donné de porter, nous la trouverions dans le chiffre des récompenses si noblement conquises par notre petite phalange d'exposants, chiffre qui dépasse la moyenne atteinte par la plupart des autres départements. Dans la glorieuse liste des lauréats français auxquels a été décernée la médaille de prix, seule distinction admise par la commission royale, notre industrie locale revendique MM. Lépicouché, A. Mercier, le docteur Auzoux, Peynaud, Fauquet-Lemaître et Prévost, Vouillon, Audresset et fils, Dannet, Jeuffrain père et fils, Daliphard, Ogerau, Cubain et Cassella. Enfin notre département a compté un de ses industriels, M. Cubain, parmi les exposants d'élite auxquels l'Empereur a solennellement accordé la croix de la Légion d'honneur pour le mérite exceptionnel de leurs produits.

En résumé, l'Exposition universelle de 1862 a fourni à notre industrie l'occasion de donner, bien que dans des limites restreintes, la mesure des éléments d'activité dont elle dispose. Elle a, dans ce grand concours où figuraient tous les chefs-d'œuvre du génie humain, tenu dignement le drapeau du département de l'Eure et justifié ainsi l'hommage public que lui a rendu le conseil général sur l'initiative de M. le Préfet.

TABLE DES MATIERES

—

ÉVREUX, A. HÉRISSEY, imp. — 463.

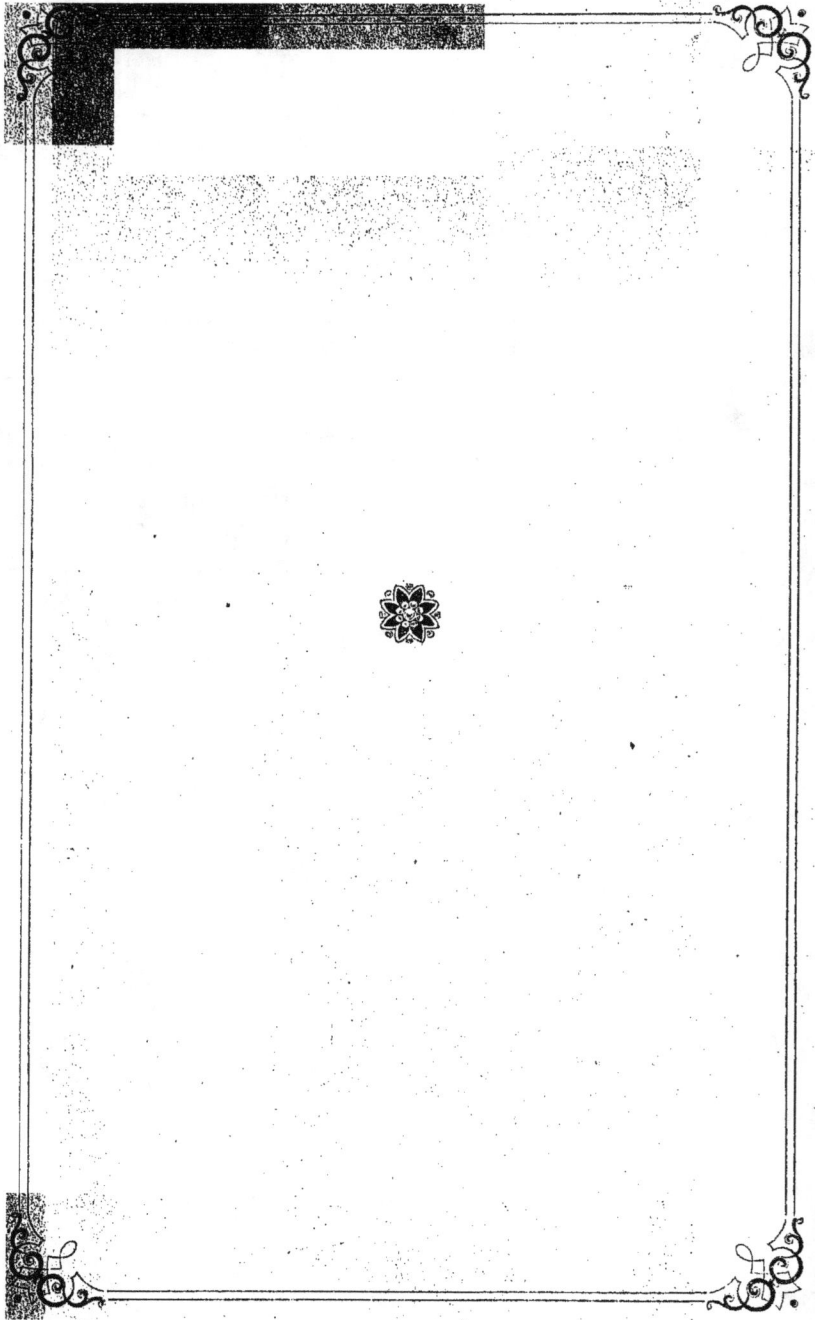

www.ingramcontent.com/pod-product-compliance
Lightning Source LLC
Chambersburg PA
CBHW070752290326
41931CB00011BA/1980